就业视角下的财政扶贫研究

Research on Fiscal Poverty Alleviation in Employment View

薛敏　著

中国财经出版传媒集团
中国财政经济出版社

图书在版编目（CIP）数据

就业视角下的财政扶贫研究／薛敏著．--北京：中国财政经济出版社，2020.7

ISBN 978-7-5095-9866-5

Ⅰ.①就…　Ⅱ.①薛…　Ⅲ.①扶贫-财政政策-研究-中国Ⅳ.①F124.7 ②F812.0

中国版本图书馆 CIP 数据核字（2020）第 103463 号

责任编辑：叶　彤　　　　　　责任校对：李　丽

中国财政经济出版社出版

URL：http：//www.cfeph.cn

E-mail：cfeph@cfeph.cn

社址：北京市海淀区阜成路甲 28 号　邮政编码：100142

营销中心电话：88190406

北京财经印刷厂印刷　各地新华书店经销

787×1092 毫米　16 开　18.25 印张　151 000 字

2020 年 7 月第 1 版　2020 年 7 月北京第 1 次印刷

定价：53.00 元

ISBN 978-7-5095-9866-5

（图书出现印装问题，本社负责调换）

本社质量投诉电话：010-88190744

打击盗版举报热线：010-88191661　QQ：2242791300

前　言

贫困是一个世界性的问题。可以毫不夸张地说，自从有了人以后，人类社会就一直与贫困做斗争。特别是随着人类走向文明进步，社会对弱势群体正给予更多关注。当前我国正以恢宏气魄开展脱贫攻坚战，目标是2020年消除绝对贫困。显然，消除绝对贫困的脱贫攻坚战完成以后，对贫困的治理并不会结束，避免返贫是下一阶段的艰巨任务，治理相对贫困将是我国一项长期性的重要工程，这既是社会文明进步的必然，也是我国社会主义制度追求公平的要求。党的十九届四中全会提出：坚决打赢脱贫攻坚战，巩固脱贫攻坚成果，建立解决相对贫困的长效机制。事实上贫困不同于饥饿，它本来就是一个相对而生的概念。

沿着贫困成因理论、贫困治理理论两条理论线索进行分析，就业成为一个应当关注的焦点。基于对各派贫困成因理论的分析发现，贫困成因有许多，然而它们都通过就业发挥着作用，就业是贫困成因的汇聚地和总枢纽。通过对主要贫困治理理论观点间争论的分析可见，单纯依靠经济增长无法缩小收入差距，而政府对收入分配结果的强制纠正会影响效率，且不能根本解决问题。在传统贫困治理理论框架下，公平与效率似乎存在着难以解决的矛盾，而公平与效率又是财政扶贫在理论和实践中必然经常遇到、亟需解决的问题。因此必须在目前贫困治理理论基础上探求解决公平与效率难题、提高财政扶贫效率和效果的另外路径。

马克思主义认为，劳动力是生产力中最活跃的因素；科斯定理提出，在交易成本为零时，产权的初始安排不影响资源配置实现帕累托最优。因此，如果我们遵循以人为本的发展思路，沿着科斯定理进一步推论，把福利经济学派政府对收入分配的干预由收入分配结果环节提前到收入分配起始环节即就业环节，关注处于生产和分配过程中的人，改善贫困劳动者的就业能力与机会，改善其进入生产过程的初始资源配置，进而通过社会自发的分配机制使其得到符合而非背离效率原则的收入提升，则找到了同时促进公平与效率的财政扶贫方式。一方面在理论上为从长期、根本上有效治理贫困探索了一条思路，避免财政扶贫通常具有的短期性、非稳定性；另一方面在财政扶贫实践遇到复杂取舍时，为实践决策提供基本理论遵循和方向指引。本书关注从成因上、根本上治理贫困，关注人本身的发展和公平与效率的统一，因此以就业作为研究视角。此外，在实践中我国的扶贫政策针对有劳动能力的人口，以贫困人口与贫困地区为主要目标，而我国 90% 以上的贫困人口在农村，本书据此界定研究范围，聚焦我国农村劳动力的贫困问题。

本书以就业为视角探求解决农村贫困问题、提高财政扶贫成效的途径。归纳提出财政—就业—贫困传导机制；以此考察我国农村贫困和财政扶贫问题；构建计量模型测算分析数量经济关系，论证财政资金通过对就业的影响进而产生的减贫效应；最后，围绕改善就业提出相关财政扶贫措施建议。共分为八章：第 1 章为绪论，介绍选题背景和意义、研究内容方法与逻辑结构、可能的创新与不足；对相关基本概念进行讨论界定，尝试提出财政扶贫的较完整定义。第 2 章为国内外研究文献综述，归纳国内外学者关于减贫反贫、财政扶贫、劳动力就业方面的研究成果加以借鉴分析。第3章为理论分析框架，在对财政扶贫的必要性、基于就业角度研究财政扶贫的缘由与依据进行讨论之后，依据公共产品理论、凯恩斯主义、劳动就业理论等相关经济理论，分析提出财政—就业—贫困的影响效应传导机制，作为本书的理论基础。第4章为历史和现状描述，对我国农村财政扶贫的发展历程与特征、取得的成绩与当前存在的主要问题进行梳理归纳。第5章为问题成因分析，从财政—就业—贫困传导机制角度，分析现实中阻碍我国农村贫困问题解决、妨碍财政扶贫效果的因素，为财政有的放矢治理这些问题、提升财政扶贫成效做准备。第6章使用计量经济学方法构建多元回归模型和VAR模型，应用专业计算机软件EVIEWS7.0和STATA工具，重点研究了财政投入、就业状况、贫困（减贫）的数量关系。第7章为国外财政促进就业治理贫困经验考察，对发达国家的有益经验进行梳理借鉴。第8章政策启示与建议是未来我国农村财政扶贫的目标模式与路径选择，提出以促进就业为基点开展财政扶贫的思路与措施。

本书的主要结论是：

（1）沿着贫困成因和贫困治理两条理论线索进行分析，就业是贫困成因的枢纽，可以成为我们研究贫困和财政扶贫的一个视角；就业处于收入分配的起始环节，关注就业是解决财政扶贫必然遇到的公平与效率难题的重要途径。

（2）财政—就业—贫困传导机制。

财政影响就业，就业影响贫困。财政的公共产品、财政政策、财政体制对就业具有广泛而深刻的影响，就业状况进而传导为贫困状况变化。

一个国家、一个地区的劳动力素质很大程度上是教育、培训、医疗等公共产品投入形成的产出，公共产品的数量、种类结构、地区配置结构极大地影响着劳动力素质和就业质量。一个经济体的就业吸纳能力高低，与其产业结构、财政政策密不可分，财政政策影响着就业容量。财政体制一方面决定着横向纵向财力的配置格局，决定了各方提供公共产品、实施财政政策的能力；另一方面，要素资源的自由流动是其优化配置的前提，一些财政体制、财政管理制度安排会影响到劳动力资源的自由流动与优化配置。这些就业数量、就业质量、资源配置状况与配置环境，进而传导为贫困状况的变化。

（3）基于财政扶贫的发展历程与现状可见，我国财政扶贫在“政策—实践”交互影响的探索中前进，目前已取得了重要成绩，但在避免返贫、治理相对贫困、提高效率方面，仍有提升的空间。

（4）基于财政—就业—贫困传导机制框架分析贫困问题成因，我们发现，农村就业数量不足、就业质量不高、就业环境不利，妨碍了农村脱贫，影响了扶贫效果。诚然，这些就业问题是多方面因素造成的，有些因素的形成与财政不存在直接联系，有些因素的形成则与财政资源配置、财政政策导向等具有密切的关系。然而不论成因如何，根据财政—就业—贫困传导机制，财政都可以发挥治理功能。

（5）实证分析表明，财政通过扩大就业容量、提高就业质量、改善就业环境能够提高农村居民的收入水平，有效减轻贫困。并进一步证明均衡公共资源配置，提高人力资本投资均等化程度具有显著的改善农村就业质量、减轻农村贫困的效应，启示财政应当关注弱势群体，改善资源的初始配置状态。

（6）政策含义与建议。本书的政策含义是：应当重视财政就业扶贫的作用。财政增加教育投入等有利于提高劳动者素质的公共产品供应、加强乡镇基础设施建设投资以增强城市化就业吸纳力、实施对劳动密集型产业的税收优惠与补贴政策扶持、完善有利于资源配置均等化和要素自由流动的财政体制，应能取得较好的扶贫效果。主要措施建议：增加财政对教育等社会公共产品的投入，提高公共产品配置的地区均等化水平，关注人的发展与素质提升；调整预算投资结构，将城市基础设施建设向小城镇倾斜，促进均衡发展、公平发展，发挥就业带动作用；采取减税降费、财政补贴等措施，支持小企业和劳动密集型产业发展，在重视高新技术和大企业的同时，从国情出发重视就业容量，更加关注激发和释放社会活力；深化财政体制改革，实施配套改革，建立横向转移支付制度，制定全国基本公共服务保障标准，完善政绩考评体系，完善就业扶贫法律制度。

薛　敏

2020 年 5 月于北京

PREFACE

Poverty is a worldwide problem. It is no exaggeration to say that human society has been fighting against poverty ever since man came into being. In particular, with human beings moving towards civilization and progress, the society pays more attention to the vulnerable groups. At present, China is carrying out the key battle of poverty alleviation with the goal of eliminating absolute poverty by 2020. Obviously, after the completion of the key battle to eliminate absolute poverty, the governance of poverty will not be ended and avoiding a return to poverty will be a difficult task of the next stage. The governance of relative poverty will be an important long-term project in China, which is not only the inevitable development of social civilization, but also the requirement of the socialist system of China to pursue fairness. Fourth Plenary Session of the 19th Central Committee put forward the following proposals: resolutely win the battle against poverty, consolidate the achievements of poverty alleviation, and establish a long-term mechanism for solving relative poverty. In fact, poverty, unlike hunger, is a relative concept.

By analyzing along with the two theory clues of the poverty cause theories and the poverty governance theories, the employment becomes the center of attention. Combing the poverty cause theories, it is found that there are a lot of causes of poverty, which cause people fall in poverty in different ways. However, all of these causes work through the employment, which means the employment problem is the overall hub of the causes of poverty. Through the analysis of the disputes among the main poverty governance theories, we conclude that the income gap cannot be narrowed relying solely on economic growth, and the government's forced correction of income distribution results will affect the efficiency and cannot solve the problem fundamentally. Therefore, we must explore another way to improve the efficiency of fiscal poverty alleviation on the basis of the current poverty governance theory. Human-Oriented fairness and efficiency theory provides a new train of thought. When it comes to poverty, Human-Oriented is to base on labor force and employment. According to the welfare economics, if we put government's interference of the income distribution on the initial link, the link of employment, rather than the results link, pay attention to human-beings in the process of production and distribution, improve the employment ability and opportunity of poor workers, and increase their income through the social spontaneous distribution mechanism rather than deviating from the efficiency principle, we will find a way of fiscal poverty alleviation in line with the principles of both fairness and efficiency. On the one hand, it theoretically explores a way to effectively control poverty in the long run, so as to avoid the short-term and unstable nature of fiscal poverty alleviation; on the other hand, when the practice of fiscal poverty alleviation is confronted with complex trade-offs, it provides basic theoretical guidance and direction for decision-making. This paper focuses on the causes and fundamental government of poverty, paying attention to the development of human and labor force itself. So, labor force employment is taken as an angle of study. In addition, in practice, China's poverty alleviation policies are aimed at the population with the ability to work, under which the poor population and poor areas as the main target. While more than 90% of the poor population in China is in rural areas, this paper defines the research scope and focuses on the poverty of rural labor force in China.

This paper aims to explore how to improve the effect of fiscal poverty alleviation from the perspective of investment structure, select the investment fields with relatively high and long-term effects, and study the focal points of fiscal poverty alleviation. Making the employment as an angle of study, this paper analyses the transmission mechanism of finance-employment-poverty to investigate the situations in our country, builds a measurement model to calculate and analyze the specific quantitative economic relationship of each factor, demonstrate that employment is the key point of fiscal poverty alleviation and poverty alleviation should focus on improving employment. Then, it puts forward relevant fiscal poverty alleviation measures to improving employment. The paper is divided into eight chapters:

The first chapter is an introduction, which introduces the background and significance of the topic, research content, methods and logical structure, possible innovations and deficiencies. The second chapter is domestic and foreign literature review, summarizing the research achievements of domestic and foreign scholars on poverty governance, labor employment, and fiscal poverty alleviation to make preparations for this study. The third chapter is the theoretical analysis framework. After discussing the necessity of financial poverty alleviation and the causes and evidence of financial poverty alleviation from the perspective of employment. Based on public goods theory,

Keynesianism, labor employment theory and other relevant economic theories, this paper analyzes and puts forward the transmission mechanism of influence effect of finance-employment-poverty as the theoretical basis of this paper. The fourth chapter is the description of history and current situation. This paper summarizes the development history, characteristics, achievements and existing problems of rural financial poverty alleviation in China. The fifth chapter is the cause analysis of the problem. From the perspective of finance-employment-poverty transmission mechanism, this paper analyzes the factors hindering the resolution of rural poverty problems and the effect of fiscal poverty alleviation in reality, so as to make preparations for the targeted fiscal treatment of these problems and the improvement of fiscal poverty alleviation. The sixth chapter uses econometric methods to construct multiple regression models, focusing on the quantitative relationship among fiscal input, employment and poverty with the professional software EVIEWS7. 0 and STATA. The seventh chapter reviews the experience of foreign countries in promoting employment and governing poverty. The eighth chapter is the target model and path selection of fiscal poverty alleviation in China in the future, putting forward the ideas, goals and measures to carrying out fiscal poverty alleviation based on labor employment in the future.

The main conclusions of this paper are:

1. By analyzing the causes of poverty and poverty management the two theoretical clues, employment is the hub of the causes of poverty, so it can be a perspective for us to study poverty and financial poverty alleviation; employment is the initial link of income distribution, so focusing on employment is an important way to resolve the difficult problem of the relationship of fairness and efficiency

which fiscal poverty alleviation is doomed to meet with.

2. Fiscal-employment-poverty transmission mechanism.

Finance affects employment and employment affects poverty. The public goods, fiscal policyand fiscal system of finance have extensive and profound influence on employment, which is transmitted to the change of poverty.

The quality of labor force in a country and a region is largely the output of public goods such as education, training and medical care. The quantity, type structure and regional configuration structure of public goods greatly affect the quality of labor force and employment. The employment-absorbing capacity of an economy is closely related to its industrial structure and fiscal policy. Fiscal policy affects employment capacity. On the one hand, the fiscal system determines the allocation pattern of horizontal and vertical financial resources and determines the ability of all parties to provide public goods and implement fiscal policies. On the other hand, the free flow of factor resources is the premise of its optimal allocation. Some financial systems and financial management arrangements will affect the free flow and optimal allocation of labor resources. These employment quantity, employment quality, resource allocation status and allocation environment, and then transmit for the change of poverty status.

3. Based on the development process and status quo of fiscal poverty alleviation, China's fiscal poverty alleviation has made progress in the exploration of the interactive influence of "policy-practice" and has made important achievements. However, there is still room for further improvement in terms of avoiding poverty return, managing relative poverty and improving efficiency.

4. Based on the framework of the finance-employment-poverty transmission mechanism, we have found that the lack of employment in rural areas, the low quality of employment and the adverse employment environment have impeded poverty alleviation in rural areas and affected the effectiveness of poverty alleviation. Admittedly, these employment problems are caused by many factors, some of which are not directly related to finance, while others are closely related to the allocation of financial resources and the orientation of fiscal policies. However, regardless of the cause, according to the finance-employment-poverty transmission mechanism, finance can play a governance role.

5. The empirical analysis shows that finance can improve the income level of rural residents and alleviate poverty effectively by expanding employment capacity, improving employment quality and improving employment environment. Further more, the balanced allocation of public resources and the equalization of human capital investment can significantly improve the quality of rural employment and alleviate rural poverty. It is suggested that finance should pay attention to the vulnerable groups and improve the initial allocation of resources.

6. Policy implications and Suggestions. The policy implication of this paper is: we should attach importance to the role of fiscal employment in poverty alleviation. To increase the supply of public goods such as education, which is conducive to improving the quality of workers; to strengthen infrastructure investment in towns and villages to increase employment absorption; to implement tax incentives and subsidies for labor-intensive industries and to improve the financial system conducive to equal allocation of resources and free flow

of factors will be able to achieve a better effect of poverty alleviation. Major measures proposed: Firstly, increasing fiscal input in education and other social public goods, improving the regional equalization of public goods allocation, paying attention to human development and the quality of the population. Secondly, adjusting the structure of budgetary investment, giving priority of urban infrastructure development to small towns, and promoting balanced development and equitable development. Thus increasing employment and giving full play to the role of employment in driving poverty alleviation. Thirdly, adopting tax cuts, fee reductions, and government subsidies to support the development of small businesses and labor-intensive industries. While attaching importance to high and new technologies and large enterprises, we should attach more importance to employment capacity in light of China's national conditions and pay more attention to stimulating and releasing social vitality. Lastly, deepening the reform of finance and taxation to formulate national standards for ensuring basic public services. Improving the system for evaluating officials'performance and the legal system for poverty alleviation through employment.

目　录

第1章 绪 论

1.1 研究背景和意义

1.1.1 研究背景

党的十九届四中全会提出："坚决打赢脱贫攻坚战，巩固脱贫攻坚成果，建立解决相对贫困的长效机制。"[①] 本书选择以财政扶贫为题，并以就业作为研究财政扶贫问题的视角，是在一定的现实背景和理论背景下展开的。

贫困是当今世界普遍面临的问题，也是经济学研究的重要课题，不论发展中国家还是发达国家，帮助贫困人口和贫困地区是

---

① 《中共中央关于坚持和完善中国特色社会主义制度 推进国家治理体系和治理能力现代化若干重大问题的决定》.

各国的基本政策取向。贫困问题始终伴随着人类社会的发展，具有普遍性、历史性和时代性。随着全球经济高速发展，资源、基本公共服务分配不均等突出问题加剧了地区间的贫富差距，严重制约了全球政治、经济、社会的稳定及可持续发展。在经济发展、社会进步的当今时代，减轻和消除贫困是人类社会的共同理想和人类文明进步的方向，2013 年，世界银行提出“消除贫困，共享经济繁荣”目标，旨在 2030 年实现全世界消除贫困；2015 年，联合国发展峰会提出 2016 年后将“减贫”作为各国联合解决的首要问题；2017 年，世界银行、联合国粮农组织及中国国际扶贫中心等多国及国际机构召开扶贫国际论坛，分享全球消除贫困的模式和具体做法……贫困作为被全世界关注的重要议题，对经济、政治、文化等方方面面产生着重要影响。

改革开放以来，我国坚持以经济建设为中心的社会主义初级阶段基本路线，经济社会迅速发展，城乡居民生活水平迅速提升，但贫困问题依然长期存在，是我国经济社会发展中最突出的“短板”，成为影响我国经济发展、区域协调、社会进步的重要因素。2016 年国务院发布《“十三五”脱贫攻坚规划》，指出要创新体制机制，加大政策支持，强化组织实施，稳定实现现行标准下农村贫困人口不愁吃、不愁穿，义务教育、基本医疗和住房安全有保障（即“两不愁、三保障”）的脱贫目标，2020 年内实现全国建档立卡的贫困户全部脱贫、贫困村和贫困县脱贫“摘帽”的国家任务。财政是我国政府扶贫的重要手段。从我国现实情况看，长期以来，财政扶贫在我国治理贫困中一直占据着重要地位。财政广泛参与了扶贫，其中有些是财政部门直接主导，有些虽然是专业部门而非财政部门主导，但财政给予了资金，出台了税收、补贴等财政政策措施，例如投入财政资金改造农村道路、实行补贴扶持贫困地区经济作物生产等。尤其是近几年，我国正在实施脱贫攻坚战，消灭绝对贫困是我国政府肩负的重要任务，相应地，财政将大量资金广泛投入到农业产业发展、交通基础设施、互联网建设、农村文娱等各个领域、各个方面，以期在较短时间内有效解决贫困问题。2016 年政府工作报告肯定并强调了财政在扶贫工作中的重要作用，提出为加快推进扶贫工作的顺利开展，2016 年增加 43.4% 的中央财政扶贫资金投入。2017 年财政部先后颁布《中央财政专项扶贫资金管理办法》和《财政专项扶贫资金绩效评价办法》，以加强财政扶贫资金管理，进一步提升扶贫资金使用效益。2019 年中央扶贫开发工作会议指出，实现贫困地区农民人均可支配收入增长幅度高于全国平均水平，2020 年稳定实现农村贫困人口“两不愁、三保障”，中央与地方各级政府应加大财政扶贫资金整合力度，精准扶贫目标，打赢脱贫攻坚战。在中国，财政是人民的财政，财政活动既是为了人民，同时财政又由人民所掌握，这决定了财政在我国扶贫中具有独特的重要作用。

就业是最大的民生，是发展的优先目标；就业是社会财富增长的基础，没有就业就不可能创造财富。世界各国政府都高度重视就业，稳定就业是各国宏观调控的主要任务。扩大就业是坚持贯彻以人民为中心的发展思想，是显著增强人民获得感的重要途径。党的十九大报告指出，要坚持就业优先战略和积极就业政策，实现更高质量和更充分就业。大规模开展职业技能培训，注重解决结构性就业矛盾，鼓励创业带动就业。提供全方位公共就业服务，促进农民工和高校毕业生等青年群体多渠道就业创业。破除妨碍劳动力、人才社会性流动的体制机制弊端。2019 年 1 月，国务院印发《国家职业教育改革实施方案》，提出经过 5 ~ 10 年的时间“大幅提升新时代职业教育现代化水平，为促进经济社会发展和提高国家竞争力提供优质人才资源支撑”的发展目标。可见，稳定就业、促进就业是保障和发展民生、维护经济稳定和社会稳定的重要内容，是减轻和摆脱贫困的重要路径。

1.1.2 研究意义

贫困问题是经济学研究的重要问题之一，通过公共支出和公共政策治理贫困，实施财政扶贫，是世界各国政府的普遍做法。究其原因，贫困问题既涉及人道主义，也关系到一国现实的经济运行、社会稳定和政治安全。从经济学角度看，总体而言，贫困自身具有的公共属性赋予了财政在扶贫中不可替代的角色，贫困具有明显的不利外溢效应或称“负外部性”，严重的贫困问题会造成有效需求不足，破坏总供给与总需求的均衡状态，影响经济系统的良性运行；贫困还会带来一系列社会问题，激化社会矛盾，形成不稳定因素，进而危及政治安全。财政是政府直接掌握的最主要资源，是政府管理和干预社会经济的重要政策工具。正因如此，财政扶贫在当今各国治理贫困实践中被普遍采用。从世界范围看，虽然许多国家都有社会民间自发组织的扶贫事业，但是政府以公共支出和公共政策实施的扶贫必不可少。

财政扶贫的关键在于研究找准财政扶贫的关键投入领域、探索有效治理贫困的关键措施以提高财政扶贫有效性。下一步我国财政扶贫面临着彻底消除绝对贫困、避免返贫、治理相对贫困三大问题，贫困问题与减贫任务依然复杂艰巨而富有挑战性。

本书旨在探究提高财政扶贫有效性的关键领域，解决财政扶贫必然遇到的公平与效率问题。对此，本书沿着两条理论路径进行分析，提出了以就业作为研究和解决贫困问题的理论视角。第一条路径是对各派贫困成因理论进行梳理分析，发现就业是各种贫困成因的共同指向，是贫困成因的汇聚地和枢纽。第二条路径是在对自由主义学派和福利经济学派的贫困治理理论进行分析的基础上，以马克思主义理论为指导，吸收两派的基本思路加以综合创新，借鉴了福利经济学派的干预观点，将政府干预的环节由其主张的收入分配结果环节提前到收入分配起始条件环节即就业环节，通过财政的公共产品和公共政策增加贫困人口的就业能力和就业机会，进而使其收入通过社会自发的分配机制得到符合而非背离效率原则的提升，实现公平与效率相统一的财政扶贫。两条理论分析路径汇集在就业，为以就业为视角研究贫困和财政扶贫问题提供了支撑，建立了依据。在提出就业视角的基础上，研究归纳了财政—就业—贫困的传导机制。进而以理论分析得出的财政—就业—贫困传导机制为依据，回答新形势下农村财政扶贫的方向和措施问题，研究了下一步农村财政扶贫的核心发力点，提出以公共产品、财政政策、财政体制为手段，以就业数量、就业质量、就业环境为传导途径的系列财政扶贫措施。具有一定的理论和实践意义。

1.2 相关概念界定

本节主要对本书研究涉及的基本概念加以界定，重点尝试提出关于财政扶贫的较为完整的定义。

1.2.1 贫困

1.2.1.1 贫困的定义

贫困是一种社会现象，影响因素众多，不仅涉及经济、社会等方面，而且还与历史、地理、文化等方面有关。不同时期、不同历史背景下，人们对贫困的认识是不同的。为了较为完整地勾勒出贫困的概念，有必要先介绍一些对此问题的代表性理解和定义。

（1）朗特里 1899 年最先给贫困下的定义：如果一个家庭的总收入不足以维持家庭人口最基本的生存活动要求，那么，这个家庭就基本上陷入了贫困之中。①

① 薛宝森．《公共管理视域中的发展与贫困免除》［M］．北京：中国经济出版社，2006：20.

（2）斯密给贫困下的定义：贫穷就是指生活必需品的缺乏。①

（3）费尔柴尔德（H. P. Fairchild）：贫穷是指相对较少的一种状态。②

（4）德克斯特（R. C. Dexter）：贫穷是指收入较少而无力供养自身及家庭的一种低落的生活程度。③

（5）奎恩和曼恩（Queen&Mann）：贫困是指经济收入低于当时、当地生活必需品购买力的一种失调状态。④

（6）汤森（Townsend）：所有居民中那些缺乏获得各种食物，参与社会活动和最起码的生活和社会条件的资源的个人、家庭和全体就是所谓贫困。⑤

（7）舒尔茨：现在仍然存在的绝大部分贫穷是大量的经济不平衡之结果。⑥

（8）沙里温在《亚洲开发银行与中国扶贫——在21世纪初中国扶贫战略国际研讨会上的致辞》中说：贫困是一种对个人财

---

① S. G. Smith. *Socialpathology*. 41. 转引自屈锡华，左齐.《贫困与反贫困——定义、度量与目标》[J].《社会学研究》，1997（03）：105-106.

② H. P. Fairchild. *Dictionary of Sociology*. New York：Litter field，Adams&Co.，1962：142. 转引自屈锡华，左齐.《贫困与反贫困——定义、度量与目标》[J].《社会学研究》，1997（03）：105-106.

③ R. C. Dexter. *Social Adjustment*. 156. 转引自屈锡华，左齐.《贫困与反贫困——定义、度量与目标》[J].《社会学研究》，1997（03）：105-106.

④ Queen&Mann. *Social Pathology*. 249. 转引自屈锡华，左齐.《贫困与反贫困——定义、度量与目标》[J].《社会学研究》，1997（03）：105-106.

⑤ 薛宝森.《公共管理视域中的发展与贫困免除》[M]. 北京：中国经济出版社，2006：20.

⑥ 西奥多·W. 舒尔茨.《论人力资本投资》[M]. 吴珠华等译，北京：经济学院出版社，1992：65.

产和机会的剥夺。每个人都应该享有教育和基本健康服务。穷人有通过劳动获取应得报酬供养自己的权利，也应该有抵御外来冲击的保护，除了收入和基本服务之外，如果他们不能参与影响自己的决策，那么，这样的个人和社会就处于贫困状态。如果在收入就业和工资之外再采用基础教育、健康保险、营养状况、饮水与卫生条件等指标，贫困的衡量就会得到进一步改进。这些衡量措施还应该考虑到一些重要的无形指标，如孱弱的感觉、自由参与的缺乏。[①]

（9）欧共体委员会：贫困应该被理解为个人、家庭和人的群体所拥有的资源（物质的、文化的和社会的）十分有限，以致它们被排除在社会可以接受的最低限度的生活方式之外。[②]

（10）阿玛蒂亚·森：有很好的理由把贫困看作是对基本的可行能力的剥夺，而不仅仅是收入低下。[③]

（11）世界银行：贫困是指福利被剥夺的状态。[④]

（12）联合国发展和计划署对贫困的理解，是指缺乏人类发展最基本的机会和选择，如长寿、健康、体面的生活、自由、社

---

① 沙里温．《亚洲开发银行与中国扶贫——在21世纪初中国扶贫战略国际研讨会上的致辞》．转引自唐钧．《社会政策的基本目标：从克服贫困到消除社会排斥》[J]．《江苏社会科学》，2002（03）：44.

② 欧共体．《向贫困开战的共同体特别行动计划的中期报告》．转引自唐钧．《社会政策的基本目标：从克服贫困到消除社会排斥》[J]．《江苏社会科学》，2002（03）：45.

③ 阿玛蒂亚·森．《以自由看待发展》[M]．北京：中国人民大学出版社，2002：30.

④ 世界银行．《2000/2001世界发展报告：与贫困作斗争》[M]．北京：中国财政经济出版社，2001：15.

会地位、自尊和他人的尊重。[①]

（13）中国国家统计局：贫困是指物质生活困难，即个人或一个家庭的生活水平达不到一种社会可接受的最低标准，缺乏某些必要的生活资料和服务，生活处于困难境地。[②]

可以看到，贫困是一个足以让人们从多角度、多层次理解的概念，其内涵与外延极为丰富，贫困的基本定义是一个经济学范畴，也同时涉及政治学、社会学、伦理学、心理学等广泛领域。经济学对贫困的定义，关注人的生存，着眼于生活水平、消费水平、收入状况，认为贫困产生于经济社会之中，也只有在经济发展中才能解决贫困。政治学、政治经济学对贫困的定义，更加关注贫困背后的权力安排，贫困与权力丧失存在着必然的联系。从个人行为能力看，在个体力量对比中，贫困体现着个人交换权利的下降；从制度对贫困的影响看，制度的广泛而强大的力量激励着我们探索建立一个公正的制度，这里包含着对公正的多样性理解与不同价值观，换言之，制度安排不可避免地要回答公平与效率的关系问题。政策学对贫困的定义关注贫困与公共政策的关联，“贫困的本质是公共政策的失误”是其极端表述。从文化角度对贫困定义，贫困的根源在于贫困文化，贫困反映着个人乃至整个家庭的心理传统，是一种特定的生活方式选择和价值取舍，体现个人的幸福感受和需求的异质性。

① 彭磊.《基于平衡计分卡下的财政扶贫资金绩效审计评价指标体系构建研究》[J].《中国证券期货》，2012（07）：168－169.

② 辛卫振，同春芬.《中国农村扶贫政策问题研究回顾与展望》[J].《绥化学院学报》，2011，31（05）：68.

本书以国家统计局概念为基础，综合考虑阿玛蒂亚·森的权利贫困理论和世界银行等对贫困的界定，定义贫困如下：指物质生活困难，即个人或一个家庭的生活水平达不到一种社会可接受的最低标准，缺乏某些必要的生活资料和服务，生活处于困难境地，或随时面临跌落到最低标准之下的潜在风险，权力和能力在既定社会体制中处于明显弱势的局面。贫困有绝对贫困和相对贫困两种类型，其中：绝对贫困也称生存贫困，是指个人或家庭在一定历史条件下，依靠其自身劳动所得或其他收入，不足以获得最基本生活所需的生活资料；相对贫困是指在一定历史时期，个人或家庭的收入水平虽然已基本解决了温饱，脱离了绝对贫困，但收入水平还相对较低，权力和能力在社会群体中处于弱势地位的状态。

1.2.1.2 绝对贫困与相对贫困的关系

绝对贫困与相对贫困的共性与区别在于：在共性方面，绝对贫困和相对贫困都是收入较低的状态。区别在于，绝对贫困是指收入低于国家划定的贫困线，相对贫困是指收入低下但还在贫困线上方。

然而，贫困线是人为划定的界线，贫困线既是变动的（随着经济发展和物价水平而调整），其合理水平又经常受到探讨和质疑，绝对贫困与相对贫困会随着国家按照收入水平划定的贫困线而相互转化，没有固定的界限。从这个意义上讲，二者的区分是相对的，并无质的不同。在考察贫困问题时，理应将绝对贫困和相对贫困都考虑在内。

1.2.1.3 衡量贫困的指标

收入是反映和衡量包括绝对贫困和相对贫困在内全部贫困的重要表现和关键尺度。虽然贫困在本源上可以来自权利贫困、能力贫困，但其外在表现是收入，绝对贫困和相对贫困都是收入较低的状态，收入是目前被普遍认同的衡量贫困的指标。

本书认为，尽管收入指标在衡量贫困中被普遍接受和使用，但是收入与贫困之间的关系并非严格一致的。具体到个体而言，其收入的高低有时并不能准确反映能力、地位这些贫困的内核因素，而是受到各种复杂因素的影响，如国家的收入分配政策、个体的就业意愿等，因此不能由个体收入水平的高低简单推断其贫困状况。收入反映贫困是作为一种总体关系存在的，不排除特殊性的存在。

衡量绝对贫困的指标：衡量绝对贫困的指标是收入的绝对水平或者说绝对收入。2008 年，世界银行规定，国际贫困标准为每人每天 1.25 美元，于 2015 年将其调整为 1.9 美元。[①] 我国现行贫困线标准根据 2010 年人均纯收入 2300 元不变价计算，据国家统计局数据折算 2018 年为 2995 元，如果按照汇率直接换算，世界银行的绝对贫困指标相当于年人均 4854.5 元人民币，超出我国标准 1859.5 元，但是我们知道，各国物价水平是不同的，因而可以认为世界银行标准是一个总体标准或一般性标准，而我国标准则是在综合考虑物价水平、国力承受能力等多方面因素基础

① 《世行上调国际贫困线标准 1.25 美元调为 1.9 美元》［EB/N］. 新华网 http：//www.ah.xinhuanet.com/2015－10/05/c_ 1116742 444.htm.

上制定的与我国国情相适应的具体标准。

衡量相对贫困的指标：衡量相对贫困的指标是收入的相对水平。世界银行将低于平均收入三分之一的社会成员视为相对贫困人口。欧盟在测度其成员国的相对贫困水平时采用的是中位收入标准，它将收入水平位于中位收入60%之下的人口归入相对贫困人口。[①] 可见，相对贫困反映的是人群之间的收入差距，因此有学者研究提出，相对贫困的测度可以采用基尼系数予以表示。[②]

1.2.2 就业

1.2.2.1 就业的定义

就业是经济学研究的一个重要范畴，指有劳动能力且要求劳动的人在一定职业上从事相应工作的状态。就业问题对于社会经济发展和社会秩序具有重要意义，不仅能够反映劳动力市场运行状况、社会和经济发展状况，同时也是政府制定宏观政策的重要依据，因此各国都把解决就业问题作为努力的目标。[③] 相对应地，失业是指有劳动能力且在寻找工作的人还没有职业的状态。处于失业状态的人被称为失业者。这实际上意味着社会总人口被划分

① 李永友，沈坤荣.《财政支出结构、相对贫困与经济增长》［J］.《管理世界》，2017（11）.

② 高强，孔祥智.《论相对贫困的内涵、特点难点及应对之策》［J/OL］.《新疆师范大学学报（哲学社会科学版）》https：//doi.org/10.14100/j.cnki.65－1039/g4.20191122.001，2019，11（25）：33.

③ 张卓元.《政治经济学大辞典》［M］.北京：经济科学出版社，1998第1版：94.

为三种，即无劳动能力者、就业者和失业者。[①]

一个社会的总人口可以划分为“劳动年龄人口”和“非劳动年龄人口”，世界上大多数国家将劳动年龄人口定义为16～60周岁的人口，中国是将16周岁作为劳动年龄人口的年龄下限，将法定退休年龄作为劳动年龄人口的年龄上限。国际劳工组织将失业界定为在一定时期内没有工作、准备工作并正在寻找工作；就业则是人们所从事的为获取报酬或为赚取利润所进行的活动。此外，充分就业是指不存在因需求不足而造成的失业，与充分就业相对应的概念是“自然失业率”；在充分就业情况下，仍然会存在摩擦性失业和结构性失业。[②]

1.2.2.2 就业的三个方面

在经济学上，最常用的概念是充分就业，尽管就业的含义后来被扩展运用到各个生产要素，但多数情况仍指劳动力的就业，且主要是指就业数量。然而本书认为，就业数量只考察了就业状况的一个方面，实际上任何一个完整范畴都应至少包括数量、质量和环境三个方面。就业数量，主要指社会中得到就业岗位的人数相对于劳动力总量而言的多寡、经济发展为劳动者提供的就业岗位数量，即经济系统对就业的吸纳能力。就业质量，主要指就业的稳定性、就业岗位的受尊重程度、技术含量、劳动者通过就

---

① 张卓元.《政治经济学大辞典》[M].北京：经济科学出版社，1998第1版：96.

② 张卓元.《政治经济学大辞典》[M].北京：经济科学出版社，1998第1版：95.

业取得的收入情况等。就业环境，主要指同等质量的劳动力是否面临相同的就业机会，是否得到同等的就业待遇，有无歧视因素、壁垒因素等。

1.2.2.3 农村就业

农村就业是农村人口、农村劳动力的就业。第一，农村就业的主体是农村人口，包括农村人口在各次产业、各个地域的就业，既包括在第一产业即农业的就业，也包括在第二、第三产业的就业；既包括在农村本地就业，也包括进城打工和独立开展生产经营。第二，农村就业的核心是就业，因此必须以客观需求为基础，其劳动力供给与生产资料相匹配，能够有效形成产出。脱离市场需求和生产要素，以制度形式将一部分劳动力固化在土地上，降低劳动生产率和劳动强度，摊薄就业时间，不属于增加农村就业而属于隐性失业。

1.2.3 财政扶贫

1.2.3.1 财政扶贫的定义

关于财政扶贫的定义，目前尚没有一个清晰而统一的概括。在研究财政扶贫的论文中，对财政扶贫的定义大致可以分为以下几种情况：

(1) 将财政扶贫定义为政府扶贫。本书认为，在我国政府扶贫中，尚有一些不涉及财政手段的扶贫行为与措施，如中央部委派出干部到贫困县按照对应职级担任副县长、村支部书记，省、市机关干部与贫困家庭“结亲”“结对”等，这些扶贫方式通常由上级机关通过既定行政管理体制发布命令、下达行政指令，采用的是财政手段、货币手段之外的行政手段。如果将全部政府扶贫作为财政扶贫，则扩大了财政扶贫的范围。

（2）将财政扶贫定义为使用财政专项扶贫资金开展的扶贫。本书认为从实务上讲，仅中央财政安排的用于扶贫目的资金目前多达数十项，还不包括各级地方安排的扶贫资金，就中央财政而言，其中多数资金安排在各部委的部门预算中执行，如农业农村部（用于贫困地区农业生产）、交通运输部（用于贫困地区道路桥梁建设）、住建部（用于贫困地区危房改造）等，而“中央财政扶贫专项资金”只是其中一个项目的名称，此外中央财政还安排了许多并非专项用于扶贫目的，但受益范围包括贫困地区和贫困人口的财政资金。因此，将财政扶贫限定在使用财政专项扶贫资金，则是缩小了资金范围和财政作用范围，与财政理论、财政实践都不一致。按照国内外财政理论和财政实践，财政即政府收支活动，因此对财政扶贫的研究至少应当涵盖政府部门使用财政资金开展的全部扶贫。

（3）将财政扶贫定义为使用财政资金的扶贫。本书认为，这是最接近正确的一种定义，因为该定义抓住了财政扶贫资金来源于财政这一本质，界定范围得当，既没有把依托行政手段的不涉及财政活动的扶贫包含在内，也没有把属于政府收支的其他专业部（厅、局）扶贫排除在外。但是财政扶贫除了通过政府预算直接拨付和开支资金以外还存在其他政策措施，如对贫困地区或扶贫产业实施税收优惠等财政政策，使其获得比较优势以鼓励其发展，在定义财政扶贫时亦应有所考虑。

（4）此外，也有论文研究财政扶贫问题，但不对财政扶贫进行定义。本书认为，在这种情况下，实际上是将财政扶贫视为约定俗成、众所周知的“公理”性概念而非“定理”性概念，也是一种处理方式。

综合上述观点，本书认为，要准确定义财政扶贫，就要建立在对扶贫、政府扶贫进行分析的基础上。**首先，**社会各方面都在利用各种资源，采取各种方式和手段帮助贫困群体减轻和摆脱贫困。对于扶贫，国家规定：“扶贫对象，是指家庭年人均纯收入低于农村扶贫标准、有劳动能力或劳动意愿的农村居民，包括有劳动能力和劳动意愿的农村低保对象”；同时还规定：“农村低保对象，是指家庭年人均纯收入低于当地最低生活保障标准的农村居民，主要是因病、因残、年老体弱、丧失劳动能力以及生存条件恶劣等原因造成生活常年困难的农村居民。”[①] 由此可见，低保以收入为唯一依据（具体指标为家庭年人均纯收入），既包括无劳动能力者也包括有劳动能力者；扶贫仅针对其中有劳动能力者，以收入和劳动力能力为双重依据，主旨在于帮助有劳动能力的贫困人口自力更生，通过发展摆脱贫困。因此，扶贫就是通过外力作用与内部动力相结合的方式，即外部帮助有劳动能力的贫困人口，改善他们的劳动条件、提高他们的劳动能力、保障他们的劳动权益，使他们能通过劳动摆脱贫困。**其次，**按照扶贫主体

---

① 《关于做好农村最低生活保障制度和扶贫开发政策有效衔接扩大试点工作的意见》（国办发〔2010〕31号）.

不同，可将扶贫分为政府扶贫、民间扶贫两大部分。政府扶贫是以政府为主体实施的扶贫。民间扶贫是民间自发组织的扶贫，包括各种慈善团体开展的扶贫、厂商和公民个人直接开展的扶贫、国际组织（如世界银行等）援助扶贫等。**最后，**政府扶贫是政府利用其掌握的经济资源、政治资源、价值取向和文化影响力资源等多种资源，采用财政手段、货币手段、行政手段等多种手段，帮助有劳动能力的贫困人口，改善他们的劳动条件、提高他们的劳动能力、保障他们的劳动权益，使他们能通过劳动摆脱贫困。财政扶贫是政府利用财政资金与政策等财政手段，帮助有劳动能力的贫困人口，改善他们的劳动条件、提高他们的劳动能力、保障他们的劳动权益，使他们能通过劳动摆脱贫困。

我国的财政扶贫在当今时代具有中国特色。**其一，**在社会主义的中国，人民成为普照之光，发展既为了人民，又依靠人民，发展的目标是实现共同富裕，同时国家财政也掌握在人民手中，因此财政扶贫在中国具有更为突出、更加重要的作用和意义。**其二，**过去长期以来，我们更重视从物的方面看待贫困产生的根源，对人的因素方面重视不够，相应地，采用的财政扶贫方式主要是财政直接补贴以及以增加农户经济收益为直接目的帮助农户发展农副业生产的扶贫思路和做法。随着扶贫实践的深入和时代的发展，我们日益感觉到以关注物质投入为主要导向的扶贫未能彻底有效解决贫困问题，应当更多从过去关注物的投入、贫困人口物质财富的迅速增加，转移到关注贫困人口本身，关注人口素质的提升和劳动条件的改善。因此，劳动力的就业是新形势下财政扶贫的重要着力点。**其三，**经过改革开放40多年的发展，中国积累了一定的物质财富，为实施财政扶贫奠定了物质基础。

根据上述对财政扶贫在扶贫和政府扶贫中所处的位置，以及财政扶贫在中国的特殊意义与时代特点的分析，**本书定义财政扶贫为：**财政扶贫是政府扶贫的重要组成部分，通过使用财政资金、运用财政政策工具、优化财政管理体制，对财政资源进行直接配置、对社会资源进行诱导性间接配置，帮助有劳动能力的贫困人口，改善他们的劳动条件、提高他们的劳动能力、保障他们的劳动权益，使他们能通过劳动摆脱贫困。在社会主义的中国，财政扶贫具有重要意义，是实现发展为了人民、发展依靠人民两者统一的重要手段，在新的形势下，财政扶贫要更多地改变“见物不见人”的状况，从人的角度定位财政扶贫的基本理念。

1.2.3.2 财政扶贫的特征及与其他扶贫的关系

（1）财政扶贫的特征。

使用财政资金、运用财政政策工具、优化财政管理体制，是财政扶贫区别于其他扶贫的最主要特征。

由于只有政府才可以支配财政工具，且财政政策具有靶向性和结构调节功能，不同于货币政策的普惠性和单纯的总量调节功能，财政扶贫还具有两个派生特征：一是政府行为特征，二是特定指向特征。这使财政扶贫客观上有利于更加精准地瞄准贫困群体，成为财政扶贫的重要优势，使财政扶贫在世界各国减贫、反贫中具有不可替代的重要地位。

此外，我国社会主义制度的国家性质，决定了财政扶贫的目标在于服务人民、共同富裕，这决定了我国财政扶贫在扶贫体系中处于更加重要的地位，具有更加重要的独特作用。

（2）财政扶贫与其他扶贫的关系。

财政扶贫与民间扶贫之间的关系：民间自发组织的扶贫不涉及财政活动，不是财政扶贫。

财政扶贫与行业扶贫之间的关系：政府扶贫如果按照国民经济门类即行业进行细分，可分为交通扶贫、教育扶贫、医疗扶贫、农业产业发展扶贫等。财政扶贫与行业扶贫的关系是：财政扶贫是以手段为划分依据的，使用了财政手段的扶贫是财政扶贫；交通扶贫、教育扶贫、医疗扶贫、农业产业扶贫等行业扶贫中，有财政资金或财政政策措施等投入的，是财政扶贫，如交通扶贫中为贫困地区使用财政资金进行道路等基础设施建设等，不涉及财政资金或财政政策措施等投入的，不是财政扶贫，如实施户籍制度改革等。因此财政扶贫不是与行业扶贫相并列的概念，而是不同划分依据下的产物，财政扶贫与行业扶贫是相交叉重叠的概念。

财政扶贫在扶贫体系中的位置及其与分行业政府扶贫的关系，如图1－1所示。

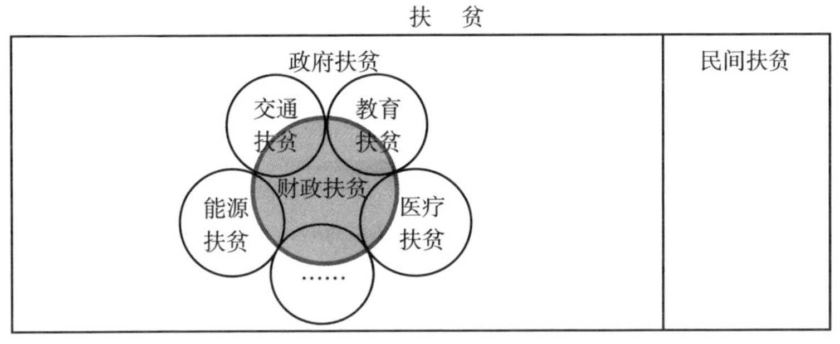

图1－1 财政扶贫与分行业政府扶贫的关系及在扶贫中的位置

1.2.3.3 与财政扶贫相关的概念

根据上述关于财政扶贫的定义，将与财政扶贫密切相关的三个概念——财政扶贫资金、财政扶贫政策、财政扶贫体制界定如下：

财政扶贫资金：中央和地方政府以减贫反贫为目的，投入扶贫事业的财政资金，称为财政扶贫资金。例如，国家为帮助一些地区和人口摆脱贫困，安排的交通、能源基础设施投资，教育、医疗投入，以及直接发放给个人及家庭的生活补助等。财政扶贫资金的核心是直接投入，它是财政对资源进行直接配置的手段。

财政扶贫政策：中央和地方政府以减贫反贫为目的，投入扶贫事业的各项财政政策措施，称为财政扶贫政策。例如：国家为支持贫困地区的产业发展，帮助贫困地区经济起飞，制定的鼓励特定产业、特定地区发展的税收优惠政策等。产业政策、区域政策不是与财政政策处于同一级次的相并列的政策，它们是由财政政策、货币政策等构成的“政策集合”或综合性政策。财政扶贫政策的核心是制造比较优势，它是财政对社会资源进行诱导性间接配置的手段。

财政扶贫体制：是财政扶贫组织形式和管理方式的制度总称。包括：财政部（厅、局）与专业部（厅、局）的关系、中央与地方的关系、地方政府之间的关系等。财政扶贫体制的核心是调整关系，优化管理，它是通过管理方式和制度安排提升财政扶贫效率的手段。

1.2.3.4　财政扶贫三个手段的关系

资金、政策、体制是财政扶贫三个手段，三者既相区别又相联系。

资金手段是政府资源的直接投入，也即政府对资源的直接配置，主要形成公共产品。

政策手段包含资金，但拥有比资金更加丰富的内涵，并非资金可以完全概括。政策手段在于通过制定政策形成比较优势，改变交易条件，引导社会资源配置。资金手段的运用意味着政府资源的付出与耗费，而政策手段的运用却未必如此，在极端情况下，假如对某行业以外的其他各个行业广泛增加税负，则使该行业获得了相对其他行业的比较优势，此时政府资源非但没有因为政策实施而减少，反而由于增税而增加了，当然，许多政策手段在使用时也需要有财政资金投入与政府资源耗费，但与资金手段不同，其目的不是政府资金资源投入本身，而重在发挥“四两拨千斤”的社会资源诱导作用。

体制手段是对各参与方之间关系做出的制度安排与规范。政策手段无法涵盖体制手段。政策手段的直接调控对象是社会资源，体制手段则是通过调整关系来规制管控资源。政策手段易于调节，具有灵活性，体制手段则具有相对稳定性。

1.3 研究内容与方法

1.3.1 研究内容与逻辑结构

本书总体上分为三个部分：

第一部分为基本理论问题分析，包括第1、2、3章。第1章介绍选题背景和意义、研究内容方法与逻辑结构等；对相关基本概念进行讨论界定，尝试建立比较完整的财政扶贫定义。第2章综述前人研究文献，归纳国内外学者关于减贫反贫、财政扶贫、农村劳动力就业方面的研究成果，加以借鉴分析。第3章为理论分析框架，在对财政扶贫的必要性、基于就业角度研究财政扶贫的缘由与依据进行讨论之后，依据公共产品理论、凯恩斯主义、劳动就业理论等相关经济理论，对财政—就业—贫困的影响效应传导机制进行分析，作为本书的理论基础。一是沿着贫困成因和贫困治理两条理论线索分析发现，就业是贫困成因的枢纽，且处于收入分配的起始环节，因此就业可以成为我们研究贫困和财政扶贫的一个视角。二是财政—就业—贫困传导机制是：财政影响就业，就业影响贫困。财政的公共产品、财政政策、财政体制三大手段作用于就业质量、就业数量、就业环境三个方面，对就业具有广泛而深刻的影响，就业状况进而传导为贫困状况变化。

第二部分为我国现实情况分析，包括第 4、5、6 章，以第一部分的理论分析为基础，对我国现实情况进行考察，是第一部分的运用与证实。第 4 章为历史和现状描述，对我国农村财政扶贫的发展历程与特征、取得的成绩与当前存在的主要问题进行梳理归纳。第 5 章为问题成因分析，基于财政—就业—贫困传导机制视角分析现实中阻碍我国农村贫困问题解决、妨碍财政扶贫效果的因素，为财政有的放矢治理这些问题、提升财政扶贫成效做准备。分析发现，我国现实中存在着不利于农村就业的因素，影响了农村脱贫。这些不利就业因素来自多方面，从形成角度看，有些与财政资源配置、财政政策导向等具有密切关系，主要是财政在公共资源配置方面存在着教育等社会公共产品领域投入不足、基本公共产品地区间配置不均衡问题，专业技术类培训公共产品未完全瞄准提高劳动技能、就业能力，在财政政策方面存在着对劳动密集型产业、第三产业、小企业支持不够等问题，在财政管理体制方面横向转移支付制度缺失，这些影响了我国农村劳动力素质的提高，限制了我国经济的就业吸纳能力，减弱了财政扶贫功能，不利于农村贫困的解决，影响了扶贫效果。第 6 章对财政支出在促进就业方面的减贫效应进行量化分析。通过构建回归模型和 VAR 模型，利用全国省级面板数据、时间序列数据和 6 个贫困县的调研数据进行实证分析。模型计算结果证实了财政就业投入、就业、贫困三者之间具有密切相关性，检验结果表明模型具有显著的统计学意义。实证分析表明：（1）财政支出能够通过影响就业数量、质量和环境影响农村贫困状况，就业是财政发挥减贫效应的重要路径；（2）教育支出、农村建设支出有利于提高人口素质、增进就业机会，具有显著的促进就业、提升收入、减轻贫困的效应，财政应当加大对教育和农村建设的投入力度；(3) 基于公共产品均衡配置视角，提高人力资本投资均等化程度具有显著的改善农村就业质量、减轻农村贫困的效应，启示财政应当关注弱势群体，改善资源的初始配置状态。

第三部分为借鉴与建议，包括第7、8章。第7章为国外财政促进就业治理贫困经验考察，对发达国家的有益经验进行梳理借鉴。第8章政策启示与建议，提出财政扶贫的系列转型，以及以公共产品、财政政策、财政体制为手段，以就业质量、就业数量、就业环境为传导途径的一套财政扶贫措施。

全文结构如图1-2所示。

1.3.2 研究方法

一是采用规范分析与实证分析相结合的研究方法。如：运用归纳法对各派贫困成因理论进行分析梳理，从贫困成因归纳治理贫困的关键在于改善就业；运用因素分析法对就业影响因素从需求、供给、传导三个方面进行梳理；依据相关经济理论分析财政在促进就业治理贫困方面的作用，提出从公共产品、公共政策到就业到减贫的传导机制；通过实证分析，用数据和模型说明财政投向、就业改善与贫困减轻之间的相关性。

二是采用马克思主义从抽象上升到具体的逻辑分析方法。从贫困、就业、财政扶贫等概念出发，从经济理论角度分析财政、就业、贫困的关系；而后将理论分析用于现实经济过程，具体考

研究背景和意义
研究内容与方法
文献综述
基本理论问题分析
概念界定
财政扶贫
（财政扶贫三手段）
就业
（就业三方面）
贫困
（绝对贫困、相对贫困）
财政扶贫必要性
市场失灵和政府干预理论
财政职能理论
以就业为视角的依据
贫困成因理论
贫困治理理论
就业
传导机制
公共产品理论
人力资本理论
凯恩斯主义
产业经济理论
资源配置理论
财政三手段
公共产品
财政政策
财政体制
劳动就业理论
就业影响因素
供给因素
需求因素
体制（传导）因素
就业
就业质量
就业数量
就业环境
贫困（减贫）
贫困状况变化
现实情况分析
历史沿革与现状
问题成因分析
财政资源配置问题
公共产品不足，结构失衡
促进就业的财政政策缺失
体制不完善
未找准扶贫关键点
就业影响因素
供给因素：劳动力素质（文化、技能、体质等）
需求因素：经济系统的就业吸纳力（产业结构、城镇化水平、小企业发展状况等）
体制（传导）因素：信息获取和劳动力流动渠道
就业
就业质量不高
就业数量不充分
就业环境不利
贫困
脱贫难度增大，返贫率高，效果的长期性稳定性降低，财政扶贫成效下降
实证模型分析
教育支出（提高素质与能力）
农村建设支出（增进就业机会）
显著
贫困
显著
就业（就业数量、就业质量、就业环境）
控制就业因素下不显著或显著性降低
贫困
结论：就业是财政减贫的重要路径
人力资本投资均等化的提高就业质量减贫效应
单位根检验
协整检验
向量误差修正模型
Granger因果检验
脉冲响应
方差分解
政策启示与建议
本书政策含义
应当重视财政就业扶贫的作用
措施（政策效应的传导）
财政扶贫
优化财政资金投向，提高公共产品均等化配置水平
调整政策支持导向，提高经济对就业的吸纳能力
深化财政体制改革，均衡财力配置和促进就业
就业影响因素
劳动力素质提升
经济的就业吸纳能力增强
要素资源畅通流动，自由配置
就业
就业质量提高
就业数量增加
就业环境优化
减贫
有效治理绝对和相对贫困，避免返贫，财政扶贫效果提高

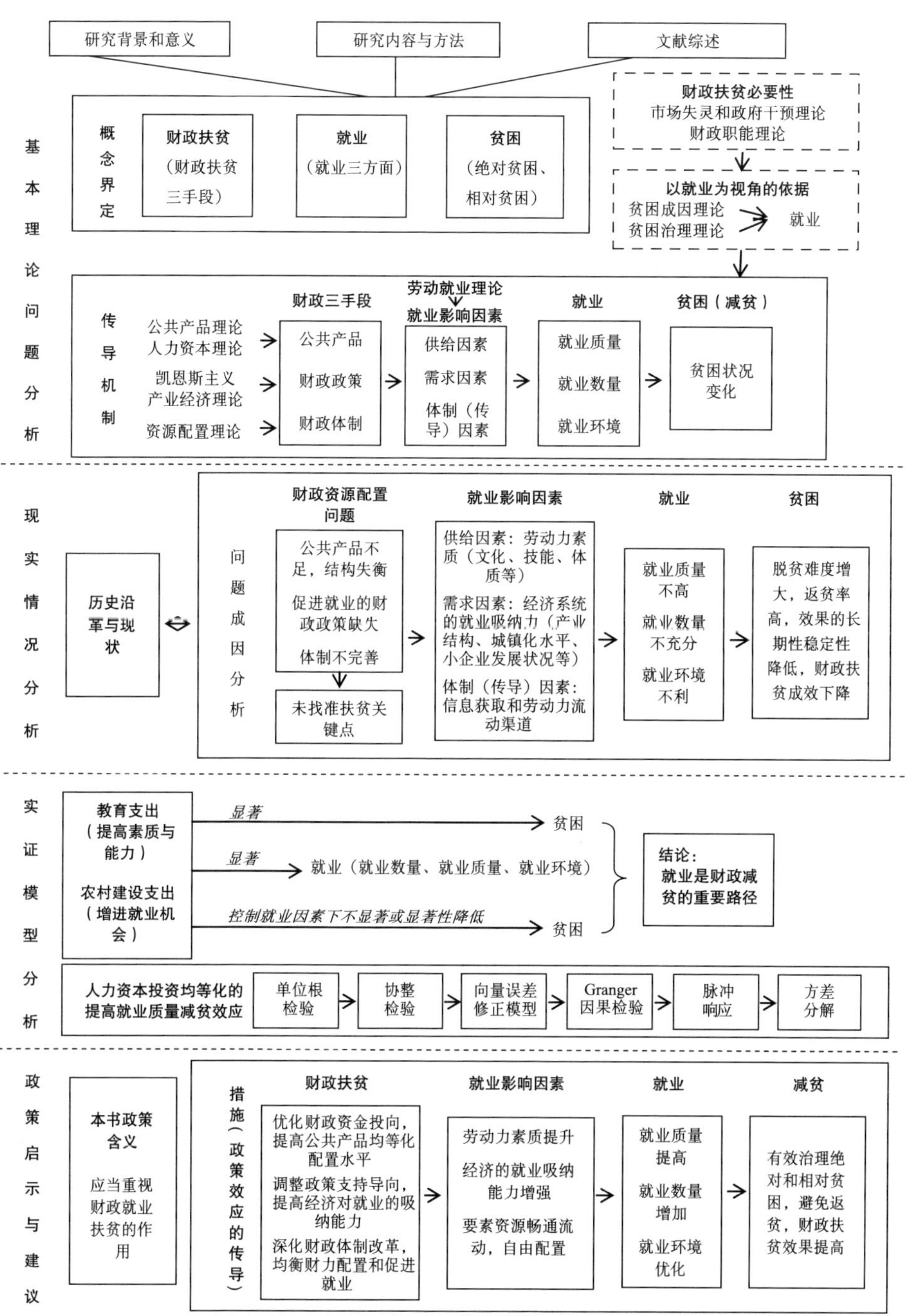

图1-2 全文结构图

察我国现实情况与问题；最后探讨提出财政就业扶贫的路径与措施。

三是数量经济学方法。在对数据进行大量收集整理的基础上，运用专业计算机软件 Eviews7.0 和 STATA 工具，建立多元回归模型和 VAR 模型，对财政、就业、贫困的三者间数量经济关系进行分析。

1.4 可能的创新与不足

1.4.1 可能的创新

本书可能的创新点如下：

一是在分析财政扶贫主要特征和手段的基础上，界定了财政扶贫与其他扶贫的边界，提出较为清晰完整的财政扶贫定义，具有一定的创新价值。

二是在梳理各派贫困成因理论的基础上，在对自由主义学派和福利经济学派贫困治理理论进行分析的基础上，尝试通过运用政府干预环节前移的办法把国家干预环节由收入分配结果提前到资源配置初始环节，一定程度解决了财政扶贫一个带有方向性、原则性的问题——公平与效率的关系。一方面在理论上为从长期、根本上有效治理贫困探索了一条思路，避免财政扶贫通常具有的短期性、非稳定性，同时弥补了现有一些研究成果更多地从技术角度来考虑财政扶贫，对于财政扶贫从属的公平效率的大原则大背景考虑不足的问题；另一方面在财政扶贫实践遇到复杂取舍时，为实践决策提供基本理论遵循和方向指引。

三是从逻辑上分析了财政—就业—贫困三者之间的传导机制，说明治理贫困的关键点在于改善就业，投资于就业相关领域有利于提高财政扶贫效果，以此提出了立足改善就业的新财政扶贫观。围绕如何改善农村劳动力就业状况，提出了财政资金与政策向人与社会领域转移的思路，以及优化公共产品结构全面提高劳动力素质、调整产业政策方向增强经济发展模式的就业吸纳能力、推进财政体制改革均衡财力配置和促进就业等实现路径。

四是在一些细节之处有所创新：结合国情将就业影响因素归纳为需求因素、供给因素、体制或传导因素三类；在分析就业影响因素时，对斯塔克的收入差距引导就业的理论进行了修正，调整为人口可视范围内的收入差距引导就业，并提出通过接受教育、开阔眼界等扩大农村居民可视范围来激发就业积极性；在研究均等化影响的计量模型中，尝试运用变异系数作为衡量非均等化程度的主要指标，构建向量自回归模型对提高就业质量的人力资本投资均等化程度与农村贫困之间的数量关系进行了测度。

1.4.2 不足之处

其一，我国与贫困发生率、失业率、就业率相关的官方统计数据资料十分有限：一是我国建立国家统计制度的时间较晚，

1982年才编印第一本《中国统计年鉴》，且由于经济体制变革，指标多次变化调整，导致时间序列数据的样本数量严重不足且不具延续性，给分析造成极大困难。我国对贫困发生率的统计从近10年才开始，不论全国还是市县都无10年以前的统计，数据缺失。二是数据口径窄，特别是在失业和就业统计方面，我国仅有城镇登记失业率的统计，在农村失业率、农村或农业剩余劳动力数量方面没有统计数据。在实证分析部分，由于无法得到准确的各地区贫困发生率数据，在贫困程度的度量方面，本书借鉴其他学者的做法采用农村居民收入水平、消费水平等作为替代指标，但替代指标毕竟不是原指标本身，难免存在一定误差。

其二，通常情况下，国家都是鼓励技术含量高和资本含量高的产业发展，理论上，资本有机构成高的产业技术含量高，比资本有机构成低的产业更为先进。本书提出着力促进劳动密集型产业的发展，其实践意义和效果还有待检验。

第2章　国内外研究文献综述

本章主要对减贫反贫、财政扶贫、农村劳动力就业等相关方面的研究文献进行归纳梳理，为本书研究提供借鉴和准备。

2.1　关于减贫与发展的研究

2.1.1　经济增长反贫论

罗丹（Paul Rosenstein－Rodan，1943）认为，发展中国家主要以农业生产为主，劳动生产率和收入水平都非常低，对这些国家而言，摆脱贫困的唯一方法是通过资本的形成实现工业化，这一理论被称为大推动理论，成为平衡增长理论中的代表性理论。[①]

罗斯托（Walt Whitman Rostow，1947）从世界经济发展的角度，用历史、动态的方法研究了各个国家，尤其是发展中国家经济发展的过程、阶段和存在的问题，提出了经济起飞理论，认为人类社会的发展需要经历六个阶段，分别是传统社会、为起飞创建前提、起飞、成熟、高额消费和追求生活质量，而起飞需要10%以上的投资增长率、建立主导产业部门和制度保证。[②]

这些理论从不同角度阐明经济增长是发展中国家减轻贫困过程中的重要因素，即资本投入与物质资本积累在推动经济增长的同时，也会显著提高一国居民的收入水平，同时实现收入差距的缩小和一国贫困人口的减少，这是西方主流经济学家对发展中国家贫困问题研究的主要结论。

“涓滴效应”也是这一观点的佐证，即发展中国家经济增长到达一定阶段后，其增长成果通过经济循环和收入分配最终可以传播至经济中的劣势部门，进而改善居民收入分配状况。

2.1.2 再分配反贫论

然而发展中国家的发展实践表明，经济增长虽然可以在一定程度上缓解贫困，但区域间、社会阶层间增长的不均衡和收入分

① 陈郁.《罗森斯坦—罗丹“大推动”理论述评》[J].《经济学动态》，1987(09)：57-60.

② 耿作石.《当代西方经济学流派》[M].北京：中国人民大学出版社，2015：202.

配的不公平往往并不能使穷人充分享受经济增长红利，之后的发展经济学家越来越关注贫困和收入分配问题，世界银行首席经济学家钱纳里于 1974 年提出在减贫进程中应充分发挥政府干预的作用，促使资源向低收入阶层流动，即政府主导的增长中的再分配战略。

2.1.3　人力资本投资反贫论

舒尔茨（Schultz，1960）提出了人力资本投资理论，认为在促进经济发展、缓解贫困的过程中，应将资本积累的重点从物质资本转移到人力资本。舒尔茨从长期的农业经济问题研究中发现，促使美国农业生产产量迅速增加和农业生产率提高的重要原因已不再是土地、人口数量或资本存量的增加，而是人的能力和技术水平的提高。经济发展主要取决于人的质量而不是自然资源的丰瘠或资本存量的多寡，处于现代经济中生产活动中的人力资本，其作用远比物质资本重要得多。当舒尔茨运用这一思想考察贫穷国家的经济时，便得出新的观点：贫穷国家的经济之所以落后，其根本原因不在于物质资本的短缺，而在于人力资本的匮乏，人的能力没有与物质资本保持齐头并进，而变成经济增长的约束因素。舒尔茨格外强调增加教育投资、发展教育事业对贫穷国家人力形成、经济持续发展的重要意义。[①]

---

① 陶文达，黄卫平，彭刚．《发展经济学》［M］．成都：四川人民出版社，1985：139－148.

2.1.4 生命周期反贫论

加西亚和格吕阿（Garcia，Gruat，2003）提出了基于生命周期的反贫困理论，他们将反贫困与生命周期结合起来，对生命周期进行阶段划分，并强调每个阶段的不同问题和需要。[①] 此后的研究将家庭生命周期模型拓展到家庭储蓄行为、保险购买、家庭债务、财富积累、技术采用等方面分析中，不少学者研究了家庭生命周期对农户行为的影响，随着家庭生命周期的变化，家庭劳动力、资本积累和消费偏好会发生变化，同时，家庭生命周期是农村贫困的重要影响因素（Perz，Walker 等，2006）。[②] 在国内，史清华和侯瑞明（2001）应用家庭生命周期模型研究农户经济状况和决策模式，发现两者都与家庭生命周期密切相关，并建议应当高度重视家庭生命周期视角的研究。[③] 林善浪等（2011）研究了家庭生命周期对农户土地规模经营和劳动力转移的影响，均发现了明显的生命周期特征。[④]

---

① 杨全社.《创新我国人口和计划生育公共财政保障机制研究》[J].《经济研究参考》，2012（45）：22－29.

② Stephen G. Perz，Robert T. Walker，Marcellus M. Caldas. *Beyond Population and Environment：Household Demographic Life Cycles and Land Use Allocation Among Small Farms in the Amazon* [J]. Human Ecology，2006（06）.

③ 史清华，侯瑞明.《农户家庭生命周期及其经济运行研究》[J].《农业现代化研究》，2001（02）.

④ 林善浪，王健.《家庭生命周期对农村劳动力转移的影响分析》[J].《中国农村观察》，2010（01）.

2.1.5 综合发展反贫论

西方减贫理论的发展与20世纪发展经济学的兴起息息相关，发展经济学理论促使西方学术界深入思考发展中国家的发展问题，而发展一词不仅局限于经济增长，还涉及社会财富分配、政府治理、全民福利提升、机制创新等一系列社会发展问题，对减贫问题的思考超出经济分析本身，也促进福利经济学、制度经济学的产生和发展。

2.1.6 外力帮助反贫论

2019年诺贝尔经济学奖获得者班纳吉和迪弗洛（Banerjee A.，Duflo E.，2011）认为：（1）贫困人口缺乏信息来源，并且对不了解的事物往往充满执拗和偏见。（2）由于贫困，他们会遇到更多的困难，继而陷入恶性循环。（3）服务贫困人口的市场缺失，如难以在正规金融渠道得到正常利率的信贷。（4）贫困人口因为短视而放弃远期规划。特别是由于教育是长期投资，所以贫困人口往往不重视教育，而且只关心当下的事情。（5）贫困人口自制力差。由于生活压力大，他们更爱好娱乐，以给索然无味或充满烦恼的生活增添一丝快乐。[①] 班纳吉和迪弗洛认为贫困是一种恶性循环的陷阱，由于贫困，贫困人口陷入了执拗、缺乏长远

① Banerjee A.，Duflo E. *Poor Economics: A Radical Rethinking of the Way to Fight Global Poverty* [M]. Public Affairs Press, New York, NY. 2011.

眼光、自制力差、过分爱好娱乐，而这些又把他们带向更深的贫困。如果没有外力的帮助，贫困者很难跳出“贫困陷阱”。

2.2 关于财政扶贫的研究

2.2.1 财政扶贫作用与重要性研究

纳克斯的“贫困的恶性循环”理论和纳尔逊的“低水平均衡陷阱”理论认为，经济贫困在没有外力推动的情况下是一种高度稳定的均衡现象，而经济发展则是经济从低水平向高水平均衡的过渡。一旦经济从低水平均衡中挣脱出来，贫困地区就走上持续稳定增长的道路。[①] 他们都强调了财政对资源配置进行调控对反贫困的重要性，认为脱贫需要财政的支持干预。

新增长理论强调人力资本和技术进步的重要性，其中政府公共支出通过基础性研发和教育投资，可以促进经济的增长（巴罗，萨拉·伊·马丁，1999）。新增长理论尤其重视公共投资的重要性。[②]

国内学者针对财政扶贫研究较早的是汪三贵（1994），他认

① 谭崇台.《发展经济学》[M]. 上海：上海人民出版社，1993：15.

② 巴罗，萨拉·伊·马丁.《经济增长理论》（中译本）[M]. 北京：中国社会科学出版社，1999.

为政府主导的反贫困措施对中国扶贫进程非常必要，同时提出应重点加强贫困地区在社会服务领域的投入，如教育和卫生领域。[①] 庞守林、陈宝峰（2000）通过构建 C－D 生产函数，对我国“三西”地区数据建模，发现资金投入对农业经济的增长发挥了重要的作用。[②] 李实等（2016）在分析了不同类型公共转移性收入的分布特征的基础上，根据中国住户收入调查数据估算了不同公共转移项目的减贫效果，评估结果发现，当前公共转移性收入使得贫困发生率下降了 4.26%。[③]

但黄季焜等（1998）估算出的我国贫困发生率与农村人均实际纯收入和扶贫资金实际投入之间的回归模型显示，财政扶贫资金的投入基本上对贫困发生率没有多大影响（统计检验不显著），当然扶贫资金的投入可能对农民人均收入有一定的影响，但通过对相关模型的比较，他们认为增加财政扶贫资金对模型的解释几乎无任何作用。[④] 张全红（2010）、叶初升和张凤华（2011）构建了 SVAR 向量自回归模型，实证结论均显示，扶贫资金并没有形成持久的减贫效果。[⑤][⑥]

---

① 汪三贵.《反贫困与政府干预》[J].《管理世界》，1994（03）：40－46.

② 庞守林，陈宝峰.《农业扶贫资金使用效率分析》[J].《农业技术经济》，2000（02）：20－23.

③ 李实，詹鹏，杨灿.《中国农村公共转移收入的减贫效果》[J].《中国农业大学学报（社会科学）》，2016，33（05）：71－80.

④ 姜爱华.《政府开发式扶贫资金绩效研究》[M].北京：中国财政经济出版社，2008 第 1 版：17.

⑤ 张全红.《中国农村扶贫资金投入与贫困减少的经验分析》[J].《经济评论》，2010（02）：42－50.

⑥ 叶初升，张凤华.《政府减贫行为的动态效应——中国农村减贫问题的 SVAR 模型实证分析（1990－2008）》[J].《中国人口·资源与环境》，2011，21（09）：123－131.

樊丽明、解垩（2014）利用倾向值匹配得分倍差法发现，公共转移支付使贫困发生率下降，但无论是以何种贫困线为贫困标准，公共转移支付对慢性贫困和暂时性贫困的脆弱性均没有影响。①

2.2.2 提高财政扶贫效果研究

2.2.2.1 基于投向结构的研究

一些西方学者对财政扶贫效果进行了实证分析，主要是通过财政扶贫资源的投向来分析哪种扶贫投向（支出方向、命中率等）效率最高，结论主要集中在基础设施建设和人力资本投资等方面。生根·凡、彼得·哈泽尔和苏克哈多·周拉特（Shenggen Fan，Peter Hazell，Sukhadeo Thorat，2000）用印度国家数据建立了联立方程模型估计了不同类型的财政支出对农村贫困和生产力增长的直接和间接影响，结果表明，印度政府优先增加农村公路、教育投资等更有利于财政资金发挥效益。Arsenio M. Balisacan（2001）通过构建模型分析认为，公路建设对菲律宾减贫有显著影响，而且文章也印证了一种共识：公共投资于农村基础设施对经济的持续增长与发展能够产生重要影响。②

① 樊丽明，解垩.《公共转移支付减少了贫困脆弱性吗?》［J］.《经济研究》，2014，49（08）：67－78.

② Arsenio M. Balisacan. *Pathways of Poverty Reduction*：*Rural Development and Transmission Mechanisms in the Philippines*［J］. Asia and Pacific Forum on Poverty，ADB，Manila，5－9 February，2001.

国内学者的研究取得了十分宝贵的成果。普遍认为不同投向会带来不同的效果，在具体投向上观点比较集中的领域是道路、教育、培训、医疗。一些学者很早就提出财政支农需关注投入领域、结构、层次等问题以提高财政资金使用效果，如傅志华在《新时期农村公共财政支出框架建设研究》提出："完善农村公共财政支出内容是，必须区分财政支出的性质和层次，突出重点，有保有压，调整和优化支出结构"；[①] 在《财政支农力度还需要加大》提出："由于财政支农结构不合理、支农方式不完善、支农资金过于分散等原因，导致财政支农效果不明显"。[②] 汪三贵、李文、李芸（2004）利用贫困县数据进行OLS回归模型分析表明，帮助农户发展农副业生产，短期内对增加农户收入有明显作用，但对贫困人口的减少在统计上没有显著影响，文章结合实际调查的农户需求，认为资金投向基础设施、社会服务及农民技术培训方面才会更有效益。[③] 李文（2007）以619家农户的调查数据，通过双差异比较和建立OLS回归模型，对道路投资前后项目村与对照村的贫困户和非贫困户贫困状况的变化进行定量分析，结果表明，道路投资对农户收入的提高有较高的回报，减缓贫困效果显著；[④] 并运用匹配法（2008）对道路建设给项目村减缓贫困及农户收入方面带来的影响进行评估，研究结果表明，项

---

① 傅志华．《新时期农村公共财政支出框架建设研究》[J]．《财政与发展》，2004（07）：17－28．

② 傅志华．《财政支农力度还需加大》[N]．《人民日报海外版》，2006，11（28）．

③ 汪三贵，李文，李芸．《我国扶贫资金投向及效果分析》[J]．《农业技术经济》，2004（05）：45－49．

④ 李文．《农村道路投资与减贫》[J]．《农业技术经济》，2007（04）：71－77．

目为贫困区县的缓解贫困做出了一定的贡献。[①] 翟彬等（2010）分析我国农村扶贫资金各个部门投向与贫困农户人均纯收入之间的关联度发现，作用最为明显的是对农户人力资本的投资，其次是对农业生产和创收性方面的投资。[②] 李立清（2013）研究表明新农村合作医疗对农户收入具有显著的正面影响，使得参合农户的家庭人均收入平均增长了8.94%。[③] 程名望等（2014）基于2003～2010年全国农村固定观察点微观住户数据，从收入增长及差距缩小的双重视角研究了健康与教育对中国农户贫困的影响，研究发现，健康与教育所体现的人力资本能够有效地影响农户收入水平，减少农村贫困，且具有时间效应和地区异质性。[④] 张建清等（2016）研究了人力资本三维要素对中国农村居民、城镇居民贫困减少的影响，结果发现，健康、教育和工作经验的提高，都有利于居民增收，但减贫大小存在差异。其中，教育对减贫效应最显著，边际贡献也最大；其次是工作经验。[⑤]

---

① 李文.《运用匹配法对农村道路建设减贫效果的评估》[J].《农业经济问题》，2008（08）：34－39.

② 翟彬，杨向飞.《基于灰色关联的我国农村扶贫资金投向分析——以2002—2006年农村扶贫资金为例》[J].《贵州社会科学》，2010（08）：93－97.

③ 李立清，危薇.《新型农村合作医疗对农户减贫及增收的效果研究——基于双重差分法的分析》[J].《湘潭大学学报（哲学社会科学版）》，2013，37（04）：11－15.

④ 程名望，Jin Yanhong，盖庆恩，史清华.《农村减贫：应该更关注教育还是健康？——基于收入增长和差距缩小双重视角的实证》[J].《经济研究》，2014，49（11）：130－144.

⑤ 张建清，卜学欢.《人力资本三维要素与城乡减贫成效差异——基于CHNS微观调查数据的实证研究》[J].《软科学》，2016，30（10）：43－48.

2.2.2.2 基于管理方式的研究

(1) 参与主体和资金使用模式研究。

世界银行(2001)出版的国别报告中指出，进一步增加扶贫资金并不是中国减贫的关键，建立高效率、高效益的扶贫资金使用模式更加重要，报告还提出使扶贫对象和社会公众更广泛地参与到扶贫项目中，将小项目交由基层群众及一些社会组织才可激发资金使用创新。① 亚洲开发银行(2007)开展“以共享式增长促进社会和谐”的系统研究，认为新时期中国扶贫工作应重点关注以下几方面：首先，对贫困线标准做有效调整，促进教育公平从而防止贫困在代际间的传递，提高农村医疗服务，减少因病致贫；其次，建立健全城乡社会保障制度，促进金融部门参与扶贫；最后，公共财政机制为扶贫提供保障，在扶贫中改善和加强政府治理，以及充分引导、发挥公共组织的作用。②

赵昌文、郭晓鸣(2000)的研究表明农户在政府支持下参与的扶贫模式是不同扶贫模式中的最优选择。③ 赵曦(2009)的研究表明，政府、社会及贫困人口参与的新型扶贫模式应得到推广，配合扶贫管理体系的革新，主要体现在多元化的扶贫资金来源、科学化的资金分配模式、扶贫进程中权责一体化、机制制度

---

① 世界银行.《中国战胜农村贫困》[M]. 北京：中国财政经济出版社，2001.

② Asian Development Bank. *Scaling up of the Social Protection Index for Committed Poverty Reduction* [R]. 2007.

③ 赵昌文，郭晓鸣.《略论我国扶贫开发管理系统的改革和完善》[J].《农村经济》，2000 (11)：1-3.

化的运行模式、广泛参与的群众路线、法制化的监督模式等方面。[①] 杨志军（2012）从政府与其他公共性主体协作建立扶贫开发组织网络出发，依托治理主体的多元化，分析了多中心治理理论。[②] 冯朝睿（2014）进一步扩充了参与主体的多样性，将社会、非营利性组织、贫困者均纳入治理主体，以实现多方联动的多中心协同体系。[③]

曾志红等（2013）以 C－D 生产函数为基础，实证分析发现，不同投向、来源的扶贫资金的产出弹性和贡献率都较低，主要问题在于扶贫资金使用存在结构失调和效率缺失。[④] 赖玥和成天柱（2014）运用县级面板数据，将贫困县与其他县财政支出对经济增长的财政激励效应进行了实证比较，证明了贫困县财政激励效应低，反映了财政扶贫的效率损失。[⑤]

王银安（2019）从扶贫资金监管角度提出加强督导检查，把村务分开、扶贫政策和项目公示公开制度落实情况作为各项扶贫政策检查、巡视、督导的重要内容，促使项目实施单位、乡镇、村严格落实扶贫资金项目公示公开制度。将村干部作为重点风险点，纳入扶贫资金动态监控系统，运用现代信息技术进行监控，

---

① 赵曦.《中国西部农村反贫困模式研究》[M]. 北京：商务印书馆，2009.

② 杨志军.《内涵挖掘与外延拓展：多中心协同治理模式研究》[J].《甘肃行政学院学报》，2012（04）：16－24.

③ 冯朝睿.《连片特困地区多中心协同反贫困治理的初步构想》[J].《云南社会科学》，2014（04）：159－161.

④ 曾志红，曾福生.《国定贫困县农村财政扶贫资金使用效率评价——基于湖南20个县2006—2011年的数据》[J].《湖南农业大学学报（社会科学版）》，2013（05）：1－6.

⑤ 赖玥，成天柱.《财政扶贫的效率损失——基于财政激励视角的县级面板数据分析》[J].《经济问题》，2014（05）：33－37.

完善预警机制，及时发现、纠正村干部违规违纪问题。① 吴磊（2019）提倡将“大数据+”运用到扶贫资金监管领域，认为传统监管模式存在种种不足，而大数据作为现代社会基础设施的一部分，作用不断凸显，将大数据应用于财政扶贫资金监管，有助于补齐短板，提质增效。②

（2）精准扶贫研究。

艾伦·皮安澜等（Alan Piazza，etc.，2000，2001）对中国的贫困问题进行了研究，认为提高瞄准机制、加强资金监管等方面有利于提高中国财政扶贫绩效。③ 蔡昉（2005）认为扶贫的主要对象已经由区域性、整体性贫困过渡至个体性贫困，政策转向对个体的瞄准非常必要，同时应建立完善的农村社会保障系统为扶贫工作提供良好支撑。④ 葛志军、邢成举、吴雄周、丁建军、汪三贵、郭子豪等（2015）认为实施精准扶贫需要做到精准识别、精准帮扶、精准管理、精准考核。⑤⑥⑦ 左停（2015）提出应

---

① 王银安.《从扶贫领域典型违规案例谈加强扶贫资金监管》［J］.《中国财政》，2019（05）：59－61.

② 王吴磊.《“大数据+”财政扶贫资金监管：机遇、挑战与进路》［J］.《财政监督》，2019（11）：10－13.

③ 姜爱华.《政府开发式扶贫资金绩效研究》［M］.北京：中国财政经济出版社，2008第1版：11－14.

④ 蔡昉.《劳动力短缺：我们是否应该未雨绸缪》［J］.《中国人口科学》，2005（06）：11－16.

⑤ 葛志军，邢成举.《精准扶贫：内涵、实践困境及其原因阐释——基于宁夏银川两个村庄的调查》［J］.《贵州社会科学》，2015（05）：157－163.

⑥ 吴雄周，丁建军.《精准扶贫：单维瞄准向多维瞄准的嬗变——兼析湘西州十八洞村扶贫调查》［J］.《湖南社会科学》，2015（06）：162－166.

⑦ 汪三贵，郭子豪.《论中国的精准扶贫》［J］.《党政视野》，2016（07）：44.

从宏观、中观、微观三个层面实现精准。[①] 支俊立等（2017）提出从扶贫对象、目标、内容、方法、考评、保障六方面实现精准。[②] 刘碧强、陈雪萍（2018）认为地方政府存在着策略主义倾向，扶贫工作形式化，扶贫目标偏离变异，公共扶贫资源配置低效使得地方政府陷入执行困境，影响了精准扶贫的效果。[③]

精准扶贫主要在于提高瞄准度、针对性，根据扶贫对象的具体情况、贫困地区的具体条件，因扶贫对象而异，因贫困地区制宜，差别实施扶贫政策措施，以提高财政扶贫的效果。

2.2.2.3 基于综合体制的研究

本书称其为综合体制研究，是因为上述管理方式中的一些问题（如参与主体问题）也属于财政扶贫体制的一个方面，但综合体制研究认为财政扶贫效果不理想是诸多体制问题的综合反映，需要对各项体制进行系统性改造。陆学艺（2002，2004）提出需要加快推动户籍制度、财税制度、社会保障制度和土地制度改革，使贫困人口享受制度红利。[④⑤] 姜爱华（2008）指出我国政府开发式扶贫资金使用绩效较低的原因在于行政绩效、经济绩

---

① 左停．《精准扶贫战略的多层面解读》［J］．《国家治理》，2015（36）：16－21.

② 支俊立，姚宇驰，曹晶．《精准扶贫背景下中国农村多维贫困分析》［J］．《现代财经（天津财经大学学报）》，2017，37（01）：14－26.

③ 刘碧强，陈雪萍．《精准扶贫中地方政府行为偏差及其调适路径》［J］．《中共福建省委党校学报）》，2018（08）：86－93.

④ 陆学艺．《加快改革现行的户籍管理制度》［J］．《农村工作通讯》，2002（09）：14－15.

⑤ 陆学艺．《关于解决当前农业、农村、农民问题的几点意见》［J］．《市场经济研究》，2004（02）：16－18.

效、社会绩效等方面的偏差与问题，并构建了“矩阵式”绩效指标体系，提出了包括扶贫决策机制、资金传递机制、资金投入使用机制、扶贫监督机制、扶贫资金管理机制的系统性改革方案。[①] 郭劲光、俎邵静、邓韬（2019）分析了财政扶贫效果不理想的财政扶贫体制、行政管理体制、乡村社会结构原因，认为当前财政扶贫资金使用率低、扶贫对象瞄准率低、扶贫效果短期化、扶贫资源边际效益递减问题，根源一是传统扶贫制度刚性钳制，以行政逻辑代替市场逻辑，主要依靠政府单方压力和行政指标完成，没有契合实际需求；二是科层式纵向传递机制失范，扶贫资源在纵横交错的行政组织网络中传递与执行，权力分配不明和利益差异等造成扶贫资源在层层传递中流失严重；三是条块化横向分配机制失衡，形成独立封闭的行政系统，不利于资源整合，阻碍资源要素合理流动；四是乡村社会结构失衡，基层政府利益偏好主导、乡村精英俘获优先、贫困人口地位弱势的乡村社会制度格局导致权力与资源获取的非均衡化。据此提出了优化体制以提高财政扶贫效果的一系列措施。[②]

2.2.2.4 其他相关研究

拉瓦雷（Ravallion，2004）等认为，中国若想保持原有的减

① 姜爱华.《政府开发式扶贫资金绩效研究》［M］.北京：中国财政经济出版社，2008第1版.

② 郭劲光，俎邵静，邓韬.《扶贫资源配置低效问题研究：生成机制与治理路径》［J］.《农业经济问题》，2019（07）：56－65.

贫步伐，就必须重视收入不平等问题。[①] 姚等（Yao，etc.，2004）认为收入不平等的恶化将加剧居民贫困尤其是农村居民贫困，且贫困状况对于收入差距具有较高的弹性，中国减贫速度有所放缓与社会收入分配机制和城乡二元体制具有不可分割的联系。[②] 阿拉尔等（Araar，etc.，2010）提出了弹性分析方法，发现收入不平等的扩大阻碍了居民的脱贫。[③]

关于农村低保救助的减贫成效，学者们利用FGT指数，从贫困发生率、贫困深度、贫困强度三个方面来检验，得到了不同的结论。刘小珉（2015）发现农村低保救助对贫困减少具有显著的正向作用，且对贫困发生率、贫困深度和贫困强度作用大小不同。[④] 韩华为等（2014）、李盛基等（2014）研究却发现，农村低保救助的减贫效果较差，农村低保救助并不是影响减贫的主要原因。[⑤][⑥]

---

① Ravallion M. and Chen S. *China's Uneven Progress against Poverty* [R]. Policy Research Working Paper No. 3408, World Bank, Washington D. C., 2004.

② Yao S, Zhang Z, Hanmer L. *Growing Inequality and Poverty in China* [J]. China Economic Review, 2004, 15 (02): 145-163.

③ Araar A., Duclos J Y. *Poverty and Inequality: A Micro Framework* [J]. Scorn Electronic Journal, 2010, 19 (03): 125-143.

④ 刘小珉.《民族地区农村最低生活保障制度的反贫困效应研究》[J].《民族研究》，2015（2）：45-54.

⑤ 韩华为，徐月宾.《中国农村低保制度的反贫困效应研究——来自中西部五省的经验证据》[J].《经济评论》，2014（06）：63-77.

⑥ 李盛基，吕康银，朱金霞.《农村最低生活保障制度的减贫效果分析》[J].《税务与经济》，2014（03）：62-69.

2.3　关于农村劳动力就业问题的研究

2.3.1　农民工就业影响因素研究

李明艳、陈利根、石晓平（2010）根据在江西农村的定量研究，总结了影响江西农村非农就业的宏观影响因素，主要包括以下几点：乡镇企业对农村劳动力的吸纳能力接近饱和；城市化的滞后发展对农村劳动力外出劳务的影响；社会保障体系不健全对农村劳动力外出劳务的影响；组织服务机制不健全对农村劳动力外出劳务的影响；农村劳动力外出劳务的制度性障碍（户籍管理制度和农村土地管理制度）。微观因素有：劳动力的年龄、性别、教育程度与拥有的技能。①

孙延旭（2009）对北京市农村劳动力非农就业的影响因素做了实证分析，也提出了类似的观点，并提出，农业投资比重也是一个重要影响因素：农业投资的多少影响着农业资源的寡富，从而使得劳动力在农业和非农业之间的配置发生变化。②

---

①　李明艳，陈利根，石晓平.《非农就业与农户土地利用行为实证分析：配置效应、兼业效应与投资效应——基于 2005 年江西省农户调研数据》[J].《农业技术经济》，2010（03）：41－51.

②　孙延旭.《北京市农村劳动力非农就业现状及影响因素研究》[D].北京：首都经济贸易大学，2009.

谢勇（2009）以南京市为例对农民工就业质量的影响因素进行了计量研究。他将就业质量界定为三个维度：劳动合同的签订情况、就业的稳定性和工资水平。与外来农民工劳动合同的签订之间存在显著关系的指标是受教育程度、职业培训、技能水平等人力资本存量。农民工就业的稳定性和受教育程度、年龄、职业培训的情况、家乡来源以及直系亲属情况之间存在着显著关系。与农民工工资水平之间存在显著关系的指标有技能水平、年龄和性别。[①]

陈宪、黄健柏（2009）通过定量研究认为，除一些普遍影响因素外，劳动力市场分割制度（城乡分割、行业壁垒、地区分割、单位性质分割）是影响就业的重要因素之一。[②]

林梅（2005）通过定性研究认为影响农村劳动力就业的主要因素有：（1）经济因素。经济规模和经济结构对劳动力就业状况往往影响很大。（2）政策因素。如绿化隔离地区政策和二元户籍制度阻碍农村劳动力就业。（3）制度因素。对大多数农村劳动力来说，在集体经济组织就业不仅劳动强度小，而且收入水平较高，这是自谋职业所无法比拟的。加上农转居、转工人员自谋职业后，现行社会保险体系不能保障他们享有失业、养老等相关保障待遇，同时自谋人员也无法享受低保，面对集体经济组织的稳定收入和劳动力市场的激烈竞争，劳动力普遍要求集体安置就

① 谢勇.《基于就业主体视角的农民工就业质量的影响因素研究——以南京市为例》[J].《财贸研究》，2009（05）：34－38.

② 陈宪，黄健柏.《农民工就业影响因素的主成分分析》[J].《生产力研究》，2009（18）：30－32.

业，形成过分依赖集体的畸形就业模式，从而进一步加剧了农村劳动力的就业矛盾。(4) 劳动力素质因素。农村劳动力素质总体偏低，在城市就业竞争中，即使与城镇失业人员相比，无论是文化素质还是专业技能和工作经验，农村劳动力都是弱势群体。①

赵荣祥（2008）认为农村剩余劳动力转移的制约因素有：(1) 社会经济发展水平制约。由于我国整体经济水平还比较低，制约着农业剩余劳动力向第二、第三产业转移的速度和规模。(2) 制度制约。主要有户籍制度障碍、歧视性就业制度障碍和人权与社会保障障碍。(3) 劳动力自身制约。一是我国农村剩余劳动力数量多，二是农村劳动力素质较低，主要表现在文化程度低、技术素质低和自卑心理、陈旧观念及文化背景差异。②

韩永廷（2009）从五个方面分析了影响农民工就业的因素：(1) 国际金融危机影响。全球金融危机使大量企业经营困难甚至倒闭而引发大量失业，农民工就业形势恶化。(2) 户籍壁垒和行业、工种限制。二元的劳动力市场使得农民工无法取得与城市居民同等的劳动力资格，只能进入低端劳动力市场，而这个市场上又由于农村劳动力的大量过剩而供大于求。农民工面临着随时被解雇的命运，就业极不稳定。此外一些城市对农民工进行总量控制，采取职业工种限制、先城后乡控制等。(3) 就业信息缺失。以“投亲靠友”为主要特征的就业渠道，使农民工择业缺少确定

① 林梅．《影响农村劳动力就业的因素与对策》[J]．《中国社会保障》，2005 (02)：26－27.

② 赵荣祥．《我国农村剩余劳动力转移的制约因素及对策》[J]．《理论前沿》，2008 (08)：37－38.

性，在不同工种间、单位间、行业间、城市间频繁流动。由此带来的是，农民工在单位内的身份是临时工，没有医疗、住房等福利待遇，工龄也不被累计，难以享受连续性的社会保障政策。（4）劳动技能障碍。大多数初次出门的农民工都没有一技之长，只能干力气活，初级工也是城市居民多。农民工职业技能缺乏的主要原因，除了输出地职业教育跟不上、用工单位不重视工人培训之外，最主要的原因是农民工受教育程度不足、文化素质不高。（5）农民工群体代际变迁及工作心态变化。农民工的主力群体，现在已经是从十七八岁到三十岁年龄区间的所谓“第二代农民工”了。与上一代相比，第二代的求职心态有着显著变化。首先，到城里打工，赚钱回农村养家的动机明显减弱。从他们身上，可以明显看到一种情感、心理与生活方式的都市认同过程。其次，这一代人更看重工作岗位的“外溢”效果，即技能学习机会、福利条件，以及融入环境的可能性等。再次，有相当多的农民工在注重发展机会的同时，也很看重个人自由。相比而言，他们对工作的踏实程度和对企业的忠诚度要低一些，会在大企业和小企业之间不断摇摆，并在不同的城市间更频繁地流动。[①]

刘良博（2009）认为我国农村剩余劳动力转移的制约因素有以下几个方面：（1）从制度方面来看，一是户籍管理制度、就业管理制度和社会保障制度对农民工的限制和歧视；二是农村土地制度的制约，按照国家法律规定，我国农村现行的土地制度是集体所有制，而现有的农村家庭承包责任制，造成农业生产分散于

① 韩永廷．《浅析农民工就业的影响因素和对策措施》［J］．《蚌埠党校学报》，2009（01）：24－25．

各个农户家庭，这种集体统一经营与家庭分散经营相结合的模式在新时期已难以适应农业现代化、农村城镇化发展的需要，对引导农民进城，从而促进农村剩余劳动力的有效转移表现出制度上的严重滞后性；三是劳动力转移的法制建设滞后，转移出去的农村剩余劳动力的合法权益得不到保护，在客观上影响着农村劳动力转移的积极性。（2）乡镇企业吸纳农村剩余劳动力的能力下降。这是因为市场经济的激烈竞争、我国的城镇化水平低和乡镇企业自身发展滞缓。（3）城市吸纳农村剩余劳动力的能力有限。体现在城市自身就业压力日益增大、农民工带来的“城市病”现象日益严重、高科技应用和产业升级带来就业能力下降。（4）农业内部吸纳剩余劳动力的能力不足。随着经济建设的发展，我国耕地面积呈不断减少之势，这将会加重有限耕地上的就业压力，带来农村劳动力普遍过剩。更为重要的是，随着农业科技的进步，特别是农业机械化水平的提高，在一些经济发达地区已出现资本替代劳动的趋势。农业生产部门难以继续有效地充当农村过剩劳动力“蓄水池”的作用。（5）农村劳动力自身素质状况不能适应转移的需要。往往劳动力的综合素质越高，就业领域、就业层次就越高。目前，在我国农村劳动力不仅数量庞大，而且素质较低。①

① 刘良博．《农村剩余劳动力转移的制约因素分析》［J］．《当代经济》，2009（09）：34－35.

2.3.2 促进农民工就业措施研究

李占五（2007）认为农民工在流动就业中需要多种多样的服务，概括起来是（1）信息服务：岗位需求信息、工资信息等；（2）培训服务：获得信息、利用信息、就业技能、处世为人等；（3）劳资关系服务：与资方相处咨询、维护权益等；（4）社会保障服务：工伤保险、医疗保险、失业救助、养老保险、异地社保等；（5）生活服务：住房、婚恋、计划生育、家属子女服务；（6）文化服务：业余娱乐、文体活动；（7）创业服务：金融服务等；（8）后方服务：土地流转等。[①]

朱秀茹、郑玉刚（2008）认为政府要破除旧观念，改变对农民工的公共服务只由农村政府及其相关组织提供的状况，应建立凡在城市生活、工作的居民都统一享受公共部门服务的机制。对农民工的管理由实行防范、限制管理转变到服务性管理上，把他们纳入城乡就业管理体系，并同时建立各种配套的服务机构为农民工就业提供各方面服务。（1）落实农民工技能培训服务机制。（2）继续发展政府协调保护机制。通过高层次、权威性的协调机制，在行政系统内部及时解决有关执法权责的矛盾和纠纷，保护农民工的合法权益。（3）提高中介机构的就业服务功能。整合乡镇劳动保障、农业、乡镇企业管理等部门在促进农村劳动力转移就业方面的职能作用形成合力。（4）改变政府的就业服务管理职

① 李占五.《充分发挥社会力量 建立健全农民工流动就业服务体系》[J].《宏观经济研究》，2007（06）：26－29＋35.

能。政府管理由对外出就业的行政审批、限制流动和办证收费转为对外出就业的支持与服务上来，行使保护农民工权益和管理劳动力市场秩序的职能。①

王亚南、张伟丽（2009）认为政府在促进农民工就业中要完善的职能有：（1）进一步强化政府的统筹协调职能。首先，建立农民工服务管理的长效协调机制。改善多头管理、各自为政的状况。（2）政府部门切实扮演好“掌舵人”的角色，培育和充分发挥行业组织、专业服务组织在公共服务中的作用。其一，农民工培训服务应该靠市场机制来实现；其二，对职介机构采取行业管理体制。②

刘秋霞（2009）认为制定并落实扶持政策，鼓励农民工返乡创业，也是非常重要的渠道。各地政府要将返乡农民工纳入本地创业政策扶持范围，在贷款发放、税费减免、工商登记、信息咨询等方面提供支持，组织开展创业培训，提供创业服务，开辟农民工创业“绿色通道”。通过返乡农民工的自主创业，促进以创业带动就业。③

陈际华、韩振燕（2009）认为要借助当前我国统筹城乡发展的大潮，借鉴国外的成功经验，构建城乡统筹的公共就业服务体

① 朱秀茹，郑玉刚．《就业歧视与建立农民工就业服务体系研究》［J］．《农业经济》，2008（07）：65－67.

② 王亚南，张伟丽．《农民工就业促进中政府职能定位研究——基于济南市的调查与思考》［J］．《中共济南市委党校学报》，2009（03）：123－125.

③ 刘秋霞．《我国农民工就业扶持中的政府责任探析》［J］．《法制与社会》，2009（15）：279＋296.

系，让城市、农村的劳动力都能受益，一起受益。[①]

吴春（2010）认为政府在促进农民工就业中的公共服务职能有：（1）稳步推进户籍制度改革，建立城乡统一的户籍制度，解决农民工的就业保障问题。（2）统一劳动力市场，建立公平的就业公共服务体系，消除对农民工的职业歧视。（3）建立健全公共财政体制，加大政府对农民工就业的公共服务投入。（4）转变公共管理与服务方式，建立以社区为依托的新型体制和机制框架。转变政府部门对农民工分头管理的方式，以社区为基础搭建起有效的公共管理和服务平台。（5）建立健全相关法律体系，促进农民工就业法律环境改善。[②]

2.3.3 农民在农业就业问题的研究

对于农民在农业就业问题，研究相对较少。不少学者认为传统农业发展已经比较充分，要增加农民在农业的就业，提高农民的农业收入，只有通过发展生态农业、休闲旅游农业等加以解决。新闻媒体也侧重宣传这种以生态农业方式扩大农业就业的思路和措施，央广网 2018 年 7 月 23 日发表了题为《生态农业助力乡村振兴 带动农民创业、就业、增收》的文章；四川新闻网 2012 年 4 月 9 日发表了题为《绵竹正建设高效农业示范村 带动

① 陈际华，韩振燕．《论构建城乡统筹的公共就业服务体系——以农村剩余劳动力转移为视角》［J］．《甘肃社会科学》，2009（01）：212－215＋206．

② 吴春．《强化政府公共服务职能与促进农民工就业》［J］．《河北青年管理干部学院学报》，2010（01）：83－86．

农民工返乡就业》的文章等。但也有学者提出不同看法，如叶青（2009）提出："农业生产资料的价格比较高，农民一算账发现（从事农业）还是不合算，所以种地又出现抛荒的现象。"[①]

可见，主流观点认为传统农业已发展成熟，几乎没有继续发展的空间，需要通过创新农业发展模式实行生态示范农业，扩大农民在农业的就业；也有学者注意到农业与其他产业之间的交易条件问题。

2.4　文献述评

通过对这些研究文献的学习借鉴、分析思考，本书得到了许多启示：

2.4.1　关于减贫与发展基本理论的思考

通过对文献的反复梳理发现，众多减贫发展问题研究中，存在着两派重要但相反的观点，引人瞩目。一派是经济增长反贫论，一派是再分配反贫论。经济增长反贫论认为解决贫困的办法在于实现经济增长，主张通过发展经济来减轻贫困，反对政府对分配结果的人为干预。从经济学流派角度看，该理论总体上应属

---

① 新浪新闻中心.《人大代表建议改造传统农业 促进农民就业》［EB/OL］. 新浪新闻中心/国内新闻/2009 年全国两会专题.

于自由主义学派范畴。再分配反贫论认为必须人为对收入分配结果加以纠正，主张政府介入分配领域，将一部分财富调剂给贫困者。从经济学流派角度看，该理论总体上应属于福利经济学范畴。对这两个重要派别进行分析，本书认为，一方面，经济增长无疑是减轻贫困的重要前提和措施，只有经济发展、社会财富增加，才能使更多人摆脱生存困境，但是，经济增长并不能自动带来社会收入分配趋向收敛，不能使所有人都得以摆脱贫困；另一方面，通过政府干预方式人为改变收入分配结果以增加贫困人口分得的财富，虽然有利于在一时缩小贫富差距，短期内帮助贫困者摆脱贫困，但却容易损害社会生产积极性，影响效率，并且这种人为增加贫困者收入的做法，改变的只是分配结果，却没有改变贫困人口在社会自发的初次分配体系中所处地位，故政府必须持续实施再分配政策持续“纠正”分配结果维护扶贫成果，而依靠再分配摆脱绝对贫困的人口也很可能停留在相对贫困之中，并不是解决问题的长效机制和根本措施。

如何在不损失效率的情况下解决贫困问题以促进公平？什么才是从长期上、根本上治理贫困的办法？如何治理相对贫困？这是理论和实践的重要课题，是本书研究贫困治理和提高财政扶贫效果必然涉及的重要内容。

2.4.2 关于财政扶贫作用与重要性的思考

在财政扶贫对贫困的治理作用和重要性方面，虽然存在不同观点的分歧，但研究成果丰富。在一些研究成果表明财政扶贫有明显作用的同时，也有部分研究成果表明财政扶贫的作用并不显著。采用不同数据、选用不同的模型与方法分析，得到的结论有所不同。本书认为，按照经济系统由厂商、个人、政府组成的原理，财政活动作为国民经济系统的一部分，会对经济系统施加影响，不管是正效果还是负效果，不管效果有多大；对于发现我国财政扶贫对解决贫困问题基本无作用的实证研究成果，本书认为这或许折射出，摆脱贫困不仅需要政府的扶贫投资增加，而且更与扶贫资金是否有效形成了农村生产条件改善、农村经济发展甚至社会全面进步有关。这些结论实际上为我们反思长久以来以增加贫困农民经济收益为直接目的的扶贫方式的正确性，为我们认真思考财政扶贫的目标选择、投向选择提供了启示。

2.4.3　关于提高财政扶贫效果路径的思考

在如何提高财政扶贫效果方面，一些学者围绕扶贫对象瞄准和创新方式、加强财政资金监管、完善体制机制等开展研究，开辟了多主体共同治理、精准扶贫、综合改革等重要路径。还有一些学者强调资金投向领域对扶贫效果的重要影响，认为公共支出能否达到预期的扶贫效果，最终还要取决于其投向是否准确，至于应投向哪些领域，观点有所不同，有分歧较大的领域，也有比较集中的领域。普遍比较认同的是生产性、创收性投资和直接补助对短期内增加农户收入、帮助农户对抗突发风险有明显作用，但对于从长期上、根本上实现脱贫效果不显著。相对集中的领域有教育、医疗、基础设施建设等，这些领域揭示的深层次问题究竟是什么？如何准确选择财政扶贫投向？什么投向最有利于提高财政扶贫效果？这是本书要继续研究的内容。

2.4.4 关于农村就业的思考

关于农村劳动力就业的研究，综合各家观点，就业影响因素从宏观层面看主要有国家投入不足、社会保障缺失、产业发展不理想、城市饱和、土地和户籍制度限制等，从微观层面看主要有劳动技能不足、信息不对称、个人和家庭的观念问题等。解决措施主要针对上述成因。可见，学者对农村劳动力就业难问题的视角不同、观点不同。有些学者主要从宏观视角加以研究，有些学者主要从微观视角加以研究。从宏观层面研究农村劳动力就业，有些主要关注资金投入、产业状况等经济因素，有些关注体制、管理制度层面的问题。从微观层面研究农村劳动力就业，有些主要关注年龄、身体条件、受教育水平等因素，有些关注家庭的理念、文化、习惯等问题。这些研究成果全面而具体，为本书从就业视角考察贫困问题提供了重要依据和借鉴。

综上，不难发现，国外的减贫与发展研究起步早，主要依托西方经济学的传统理论体系；中国由于改革开放晚，针对减贫与发展的研究起步较晚，但发展迅猛、成果十分丰富，一是取得了不少宝贵的理论成果，为丰富发展减贫理论做出了重要贡献；二是与中国财政扶贫实践紧密结合，重点对农村扶贫进行研究，为扶贫政策与实践提供了重要的指导和借鉴；三是充分利用了西方经济学的模型工具、数学方法，为我所用。可以说，我国财政扶贫取得的举世瞩目成绩与理论界对财政扶贫的持续关注、研究、贡献甚至批评是分不开的。

当然，通过对现有文献的整理也发现了一些可以进一步研究完善的方向：一是目前关于财政扶贫已经有不少的研究成果，但是对于财政扶贫的基本定义还缺乏明确的归纳，尚未形成统一的共识。二是财政作为一种广义的对收入分配的调节，必然涉及如何处理社会的公平和效率问题。但现有多数研究成果，主要着眼于财政扶贫本身，更多地从技术角度来考虑财政扶贫问题，对于财政扶贫从属的公平效率的大原则大背景考虑不够。这就使得提出的措施对国家扶贫总体方向的决策参考还不够明确，因此从公平与效率的大原则出发来探讨有利于国家发展的财政扶贫总体路径十分必要。三是现有多数国内外文献着眼于结果研究，直接考察财政扶贫资金产生的效果，对财政扶贫资金产生效果的机制和环节研究较为欠缺，需要更深入挖掘扶贫政策能有效作用于贫困人口的传导机制和途径。四是目前多数的财政扶贫研究侧重某一地区财政扶贫资金的运行情况和不足，一定程度影响了可复制性和普适性，从全国范围对财政扶贫资金实证考察尚显不足。

上述研究情况和宝贵研究成果，既提供了本书进一步从投向角度研究扶贫效果、从贫困成因入手研究财政—就业—贫困传导机制的动机和依据，也提供了研究条件和理论借鉴。

第3章　就业视角下财政扶贫的理论分析

本章是关于财政、就业、贫困基本理论问题的分析。主要依据相关经济理论，对财政扶贫的必要性、基于就业角度研究财政扶贫的缘由与依据、财政—就业—贫困的传导机制或者说财政、就业、贫困之间的影响效应进行分析，旨在搭建本书从就业视角研究财政扶贫的理论框架。

3.1　财政扶贫的逻辑起点：财政扶贫必要性

财政是否有必要对贫困问题进行干预，这是我们以规范分析方法研究财政扶贫的逻辑起点。本节运用马太效应、科斯定理、公共风险理论等说明贫困问题在没有外力干预的条件下是市场机制难以自行解决的问题，需要政府给予干预；进而从财政职能的角度说明财政扶贫的必要性。

3.1.1　基于市场失灵和政府干预理论的分析

马太效应是“市场失灵”的一个重要方面和重要表现。马太效应作为积累效应，会使财富与贫困不断向两极积累，造成贫者愈贫、富者愈富的状况，市场机制不但无法对此进行自发纠正，而且还会加剧这一趋势。对贫困和扶贫问题而言，贫困者原本占有的资源少，在社会资源分配中处于不利地位，在市场自发作用下，由于马太效应的存在，贫困者在社会资源占有分配上处于愈发不利地位，通过社会分配得到的资源难以有效增加甚至占有的份额会相对地越来越少，如果没有外力的介入帮助，难以改变循环累积因果的恶性循环局面，难以自行摆脱贫困。

科斯定理认为，在交易成本为零时，产权的初始安排不影响资源配置实现帕累托最优。由于产权的初始安排可以理解为资源的初始配置，因此科斯定理可以理解为，在不存在交易成本的条件下，资源配置的结果与资源配置的初始状态无关。这意味着我们可以推论，在交易成本不为零的条件下，资源配置结果与资源配置初始状态存在关系。特别是在经济现实中，交易成本不但不可能为零，而且由于技术因素和制度因素等，交易成本通常还比较大，因此资源配置结果与资源的初始配置情况具有较为密切的关系。如果我们把贫困人口理解为资源配置中占有资源较少者，把财政扶贫理解为财政对不同人群之间资源配置的调整和优化，则根据科斯定理推论，由于现实经济中交易成本不为零，要改变资源配置的结果状态，实现帕累托改进，自发机制无法实现，而需借助外力对资源配置的初始状态进行调整，来改变未来贫困者获得的资源配置结果，使贫困者跳出循环往复的贫困陷阱。按照经济系统由厂商、劳动者、政府构成的三部门理论，承担这个职能的只有政府，而现实中拥有如此强大外力、足以干预经济过程的也只有政府。

公共风险也是市场无法自发解决的问题。公共风险是指产生群体（或社会）影响、个人和企业无法承担的风险，也就是只能由政府来承担的风险。私人风险的分散、转移及化解和防范是通过分散的市场机制来实现的，但公共风险无法通过市场机制来化解和防范，只能由政府解决。[①] 从公共风险角度观察，贫困具有较强的群体或社会影响，具有明显的外部性特征即外溢效应，历史实践也表明，如果对贫困不加以重视甚至漠视，极易演变成公共风险，造成社会动荡，而这种公共风险难以通过私人和市场自发机制有效化解。正因如此，政府需要重视贫困问题，消除社会隐患。

政府干预理论认为，由于“市场失灵”的存在，政府需要对经济系统、经济运行做出调节、干预和纠正。在以亚当·斯密为代表的古典经济学时代，市场机制这只“看不见的手”被认为可以自发解决资源配置的一切问题。然而经济危机的发生特别是1929～1933年席卷全球的大危机改变了经济学界的认识，以凯恩斯主义为代表，政府干预经济的理论应运而生。时至今日，政府

① 刘尚希．《论公共风险》［J］．《财政研究》，1999，9：13－14．

干预这只“看得见的手”（visible hand）与市场机制这只“看不见的手”（invisible hand），已成为互为补充、不可或缺的优化资源配置手段。具体到贫困问题和财政扶贫而言，市场机制的运行条件要求资源配置相对均衡以提供充足的需求，然而贫困人口收入低缺乏消费能力，高收入者的边际消费倾向低，如果贫困问题不解决，贫困人口过多，会造成社会总体有效需求不足，出现相对生产过剩，影响社会再生产的顺利进行，抑制经济进一步增长，但是自发的市场机制却无法自行纠正资源配置的非均衡性，无法有效消除贫困。贫困问题还极易形成社会问题，引发公共风险，危及社会稳定。因此，无论从维持经济运行、社会稳定还是人道主义的角度，根据政府干预理论，政府都需要对贫困问题加以治理，帮助贫困者摆脱贫困，对社会群体的资源配置做出干预和调整。由于财政资金、财政政策是政府掌握的主要资源，因此财政在解决马太效应、优化资源配置、化解公共风险方面具有无可替代的重要作用，财政扶贫尤为必要。

3.1.2 基于财政职能理论的分析

根据《经济大词典》的解释，财政是“国家为执行各种社会职能而参与社会产品的分配活动。”[①] 根据《常用财经词汇简释》，“财政是国家为了维持其存在和实现其职能的需要，凭借政

① 许毅，沈经农.《经济大辞典·财政卷》[M]. 上海：上海辞书出版社，1987 第 1 版：1.

治权力对社会产品进行的分配。”① 根据理论界对财政职能的普遍认识，财政具有资源配置、收入分配、调控经济职能。**资源配置**是将一部分社会资源集中起来，形成财政收入，然后通过财政支出活动，由政府提供公共产品或服务，引导社会资金流向，弥补市场缺陷，从而优化全社会的资源配置。**收入分配**是政府财政收支活动对各个社会成员收入在社会财富中所占份额施加影响，以公平收入分配。财政的收入分配职能主要通过税收调节、转移性支出（如社会保障支出、救济支出、补贴）等手段来实现。**调控经济**是通过实施特定的财政政策，促进较高的就业水平、物价稳定和经济增长等目标的实现。政府根据宏观经济运行的不同状况，相机抉择采取相应的财政政策措施，防止经济衰退和通货膨胀。十八届三中全会指出：“财政是国家治理的基础和重要支柱。”② 这一重要论断，在理论上实现了重大突破，在实践上具有重要意义。由于财政全方位的基础和支柱作用，财政不能仅限于一收一支，而要从国家治理的角度和高度，优化政策，完善制度。

用财政职能理论看待财政扶贫，可以看到，无论经典财政学概括的资源配置、收入分配、调控经济职能，还是十八届三中全会赋予财政的全新国家治理职能，治理贫困都是财政职能的题中应有之义，是财政应尽职责。资源优化配置，包括优化地区资源

---

① 张弘力，矫正中．《常用财经词汇简释》［M］．北京：经济管理出版社，2001 第 1 版：45．

② 《中共中央关于全面深化改革若干重大问题的决定》［M］．北京：人民出版社，2013 第 1 版：19．

配置、产业资源配置，也包括优化不同社会群体之间的资源配置、改善贫困群体的资源配置状况，以使社会再生产得以顺利运行；收入公平分配，缩小收入差距，更是直接指向增加贫困人口收入，减轻和消除贫困；经济稳定增长，需要建立在有效需求充足和社会稳定基础上，也与控制收入差距、治理贫困密不可分。

3.2　两条理论线索：基于就业视角研究财政扶贫的原因

基于就业视角研究财政扶贫问题，来源于对各派贫困成因理论的分析、对主要贫困治理理论之争的分析两条主要线索。

3.2.1　对贫困成因理论的分析与所得启示

要获得治理贫困的有效方法，必先针对贫困成因进行分析。

3.2.1.1　主要的贫困成因理论

（1）权利贫困理论。诺贝尔经济学奖获得者阿玛蒂亚·森（1982）认为，并非是自然灾害导致饥荒，而是就业权力不平等、受教育权力不平等导致的就业机会不平等、社会保障等基本权力不平等，总之，各项社会权力的不平等导致了贫困。阿玛蒂亚·森《贫困与饥荒》提出，贫困、饥饿是权力丧失的结果。作为贫困的一种形态，饥饿是交换权利的函数，不是食物供给的函数。即使由于食物短缺引起饥荒，但饥荒的直接原因还是个人交换权利的下降。他指出，一个人免于饥饿权利依赖于：①政治体系，即政府能否提供明确的产权保护；②经济体系，即微观上是否有充分竞争的市场秩序，宏观上能否维持稳定的经济环境；③社会体系，包括家庭内部的分工、传统观念中对交换权利和互惠权利的规定等，这些都会影响到权利的分配，并决定着不同的群体在面对饥饿和饥荒时的不同命运，比如妇女的社会地位往往决定了她们在饥荒中处境尤为悲惨。[①] 我们认为，这一学说本质上属于制度学说。

（2）收入论。经济学视角认为，贫困是个人或家庭没有足够的收入满足其基本需要，这种观念被称为收入贫困。这是被社会大众普遍接受和认同的观点，大家对贫困这一概念最开始的认识大致就是收入水平不足以维持其基本的物质生活。本杰明·西伯姆·朗特里（1901）就是以收入不足的视角来框定贫困这一概念，他的基本观点是，如果一个家庭维持每一个家庭成员的基本生存所需要的最低水平的生活支出都超过该家庭的总体收入，那么这个家庭就可以被划定为一个贫困家庭。[②] 世界银行 2008 年将这一定义下的标准进行了量化，每人日平均不足 1.25 美元为贫困，2015 年将其调整为 1.9 美元。[③] 这一学说将贫困的直接原因

① 阿玛蒂亚·森.《贫困与饥荒》[M]. 北京：商务印书馆，2001.

② Rowntree, S. *Poverty: A Study of Town Life* [R]. London: Macmillian, 1901.

③《世行上调国际贫困线标准 1.25 美元调为 1.9 美元》[EB/N]. 新华网 http://www.ah.xinhuanet.com/2015-10/05/c_1116742444.htm.

归为收入分配差距。此原因与就业的关系非常直接，没有就业就没有持续不断的收入，没有高质量的就业就没有较高水平的收入。

（3）基础薄弱及保障不足论。姜爱华指出："区域性贫困问题较严重，贫困人口主要分布在一些集中连片特殊困难地区，这些地区自然环境比较差，缺乏基本的生存条件，交通、医疗、卫生、教育等基本公共服务跟不上，人力资本也相当匮乏。"[①] 这一学说实际上将贫困原因归为两部分：自然禀赋即先天原因、公共产品供应不足。此原因亦会影响就业，因为公共产品供应不足、自然禀赋的先天不足得不到政府后天干预的弥补，会直接影响就业机会、数量、环境等。

（4）能力贫困论。这种观点认为，贫困来自受教育机会不平等，教育资源分配不均衡、自身先天条件不足等。能力贫困是个体健康状况差、知识水平低、缺乏生活和工作的基本能力的状况。缪尔达尔（1957）的"循环积累因果关系理论"认为贫困是一种恶性循环，在这种循环中，缪尔达尔强调了劳动力素质对贫困的影响。他认为，人们的收入水平低导致了生活水平低，由此造成劳动力素质低下，而这造成了劳动生产率低从而产出增长停滞或下降，继而再造成人们的低收入水平。[②] 卢卡斯（1988）《论经济发展机制》提出，人力资本实际上是一种"特定的知识"，人力资本与"一般知识"的区别在于它是关于"特定人的

① 《聚焦财政专项扶贫资金绩效管理》[J].《财政监督》，2017（14）：37.

② 汉斯·迈克尔·特劳特温，王爱君.《累积进程与极化发展：缪尔达尔的贡献》[J].《经济思想史评论》，2010（01）：111－130＋241.

知识或一个民族的特殊文化”。[①] 同时，人力资本也不同于劳动力，它必须通过教育、培训和保健等方面的投资才能完成。比如教育和保健有助于增进劳动者个人的工作能力，从而使单个劳动力具有比过去更高的效率；劳动力的合理流动能解决各地区、各部门劳动力的余缺调剂和劳动者用其所长的问题，从而提高全社会劳动力资源的利用效率。卢卡斯用他的人力资本理论说明，人力资本投资是经济增长的发动机，拥有大量人力资本的国家会取得较快的经济增长速度，人力资本水平低下是欠发达国家经济增长缓慢的原因之一。高波、王善平（2004）提出：“越来越多的经济学家认为，贫困主要来源于能力不足而不是收入低下，扶贫的重点在于重建个人持续获取较高收入的能力。这里的能力包括自我发展能力和可持续增加经济收入的能力。”[②] 这一学说实际上将贫困原因归为两部分：个人能力即先天原因、教育等公共产品供应不足。而无论先天原因还是公共产品供应造成的能力不足，都会直接造成就业机会减少和就业质量不高。

（5）心理贫困论。心理学视角认为，贫困是依赖福利、懒于工作的状态，形成一种强烈的宿命感、自卑感和无助感，即心理贫困（刘易斯，1959）。[③] 心理贫困危害极大，心理贫困造成的等、靠、要现象在贫困人口中较为普遍。劳伦斯·M. 米德

---

① 吴培新．《经济增长理论的突破性进展（上）——评卢卡斯〈论经济发展的机制〉》［J］．《外国经济与管理》，1995（04）：3－7.

② 高波，王善平．《财政扶贫资金综合绩效评价体系研究》［J］．《云南社会科学》，2004（05）：86－87.

③ Oscar Lewis. *Five Families：Mexican Case Studies in the Calture of the Poverty*［M］. New York：Basic Books，1959.

(Lawrence M. Mead, 1993) 强调了福利依赖的代际传递，他认为长期接受福利救济会对整个家庭的世界观和价值观产生冲击，导致对救济的依赖性，因此更容易陷入贫困陷阱。[①] 本书认为，就业是直接治疗心理贫困、重塑自信的良药，通过解决就业可以帮助贫困者逐步摆脱心理依赖。

3.2.1.2 就业是各派贫困成因理论的共同指向，是贫困成因的汇聚地

通过对上述各派贫困成因理论进行分析，我们可以归纳得出：

(1) 就业问题是贫困成因的汇聚地。上述贫困成因理论从不同侧面揭示了导致贫困的种种原因，各派理论归纳的贫困成因多种多样，然而，它们却不约而同地指向一点——就业状况，这些纷繁复杂的贫困成因都通过影响就业而导致贫困。就业状况是诸多贫困成因的枢纽，是解决贫困问题的关键。收入论认为，收入低下以及分配不公导致了贫困，然而，收入低下实际上是就业质量不高、就业环境不利的反映。基础薄弱及保障不足论认为，自然条件恶劣、基础设施保障不到位导致了贫困，然而，自然条件恶劣和基础设施落后实际上是通过造成产业发展困难，导致产业发展不足、就业吸纳能力差，劳动力缺乏就业岗位进而形成贫困的。能力贫困论认为，能力不足、缺乏技能导致了贫困，其所说能力正是就业能力、获取较高劳动报酬的能力，由于技能低下缺

---

① Lawrence M. Mead. *The Logic of Workfare: The Underclass and Work Policy* [A]. in W. J. Wilsoned. The Ghetto Underclass [C]. (Newbury Park: Sage, 1993): 173 - 186.

乏就业能力，劳动力处于不稳定就业、低收入就业的状态。心理贫困论认为，依赖福利、懒于工作导致了贫困，换句话说，放弃就业机会导致贫困。可见，虽然贫困原因有许多，但是，这些不同贫困成因却都不约而同地通过影响劳动者就业状况这一途径影响着劳动者收入从而最终导致贫困，因此就业问题是贫困成因的汇聚地，是贫困的直接原因，也成为解决贫困问题的总枢纽和关键，财政扶贫要发挥最大的作用，财政投入要提高绩效，就要围绕改善就业这一核心发力。

（2）权利不平等的主要表现是就业不平等。在诸多贫困理论中，阿玛蒂亚·森的权利贫困理论是对贫困原因最深刻的阐释，他的一句名言“饥饿是交换权利的函数，不是食物供给的函数”[①] 给人们心灵以震撼。的确，正如阿玛蒂亚·森所说，不少饥荒、贫困在表面上似乎是自然灾害造成的，但背后却是社会权利分配公平与否的反映，其一，从国家之间看，自然灾害每年在许多国家发生，但它在一些国家导致了贫困，在另一些国家却没有导致贫困；其二，在一国之内，拥有足够社会权利的人在自然灾害中并不会陷入贫困，那些容易陷入贫困的是社会权利格局中的弱势群体。因此，贫困的真正原因是社会权利分配的不均等。而就业机会、就业权利的不平等是社会权利分配不均等的最直接体现，一方面，从影响上看，就业机会、就业权利的不平等导致了不合理的收入差距和不合理的社会地位差距，这使其成为经济权利不平等、政治权利不平等的集中反映。另一方面，从形成上

① 阿玛蒂亚·森.《贫困与饥荒》[M]. 北京：商务印书馆，2001：13-14.

看，人群中的弱势群体，由于获得的公共产品少，卫生状况差、技能不高，难以获得好的就业机会，在就业上处于不利地位；人群中的强势群体，由于获得的公共产品多，卫生状况好，受教育机会多，容易获得较好的就业岗位，在就业上处于有利地位。权利丧失是贫困最深刻的原因，而权利丧失主要影响就业状况。

综上，由于就业是各派贫困成因理论的共同指向，是诸多贫困成因的枢纽，因此，我们可以也有必要以就业为视角，对贫困与扶贫问题进行观察和分析，开展一些研究。

3.2.2　对主要贫困治理理论之争的分析与所得启示

3.2.2.1　对自由主义学派与福利经济学派之争的探讨

在第 2 章文献综述部分，本书已对自由主义学派和福利经济学派的观点分歧进行了一些讨论。自由主义学派的主要观点在于反对政府干预，反对政府对一切问题——自然包括贫困与收入分配问题在内进行人为干预，认为自发的经济增长与要素自由配置可以解决所有问题；福利经济学派创始人庇古则主张政府对收入分配结果进行干预纠正。

经济自由主义源于法国的重农主义和英国的亚当·斯密。他们分别用“自然秩序”和“看不见的手”论证了自由竞争的可行性和合理性。边际革命后，经济自由主义得到进一步的阐发，哈耶克的新自由主义认为竞争性市场机制是达到资源优化配置的最有效途径，主张经济自由，尽量运用社会自发力量，尽可能少地借助于强制。[①]

福利经济学之父庇古则认为，“在很大程度上，影响经济福利的是：第一，国民收入的大小；第二，国民收入在社会成员中的分配情况。”解决办法一是收入均等化，二是实现资源配置最优化，政府要在其中发挥积极作用。庇古建立了旧福利经济学的完整理论体系，初步提出了政府实行“强制转移”，将收入通过直接和间接方式补贴穷人的主张。[②] 此后出现的新福利经济学通过效用序数论及最优条件论等来反驳旧福利经济学的主张，但是“收入均等化”“社会安全网”等论点作为福利经济学的“名片”已深入人心，成为福利国家政策和政府干预的重要依据。

自由主义学派实则有利于效率，其贫困治理观本质上是通过效率手段解决公平问题；福利经济学派则关注公平，关注收入分配结果的均衡。因此，公平与效率的关系问题，是贫困治理的一个根本性问题。对于自由主义学派主张通过自发的经济增长以效率手段解决包括贫困在内的一切问题、福利经济学派主张政府调整收入分配结果以帮助贫困者，本书分析认为，经济增长是减轻贫困的重要前提但并不能改善分配，政府改变收入分配结果可以短期内帮助贫困者但有损效率且未从根本上改变该群体的弱势状况，无法解决相对贫困。

---

① 耿作石.《当代西方经济学流派》[M].北京：中国人民大学出版社，2015：150-151.

② 耿作石.《当代西方经济学流派》[M].北京：中国人民大学出版社，2015：217-228.

3.2.2.2　马克思主义以人为本发展逻辑和科斯定理的启示

扶贫作为促进社会公平的一项重要内容，必然遇到处理公平与效率关系的问题，甚至可以说，对扶贫的研究从属于公平与效率的大命题之中，因而，对扶贫的研究必然要遵循和借鉴关于公平与效率的一般性理论。

如何解决上述这些问题，既取得良好的扶贫效果推动社会公平，又不损伤经济效率不破坏优胜劣汰法则的内生动力？按照马克思主义的人本发展逻辑，并运用科斯定理进行进一步分析，我们获得了解决这些问题的新思路。

（1）公平与效率的内在冲突基于关注物质资料分配结果的传统框架。

关于公平与效率的关系，长期以来人们一直认为两者是冲突的，实际上这种冲突根源于传统的以物为本的发展框架：如果关注于物质资料分配结果的公平，通过转移性支出方式给予贫困人口基本保障，一方面只能一定程度上改善物质资料分配结果，并未改善人们在起点上的不公平，并未改善结果不公平背后的原因，对问题的解决是十分有限的；另一方面限高补低的平均主义会影响积极性，造成效率降低。因此在以物为本、关注物质财富分配结果的理念和制度框架下，公平与效率是冲突的。

（2）马克思主义以人为本发展逻辑对资源配置关注要素的指引。

马克思主义社会再生产理论认为，生产力包括三个要素：劳动力、劳动资料、劳动对象，前者属于人的因素，后者属于物的因素。在生产力三要素中，人的因素即劳动力或称“活劳动”，是生产力中最活跃的因素。活劳动与物化劳动（劳动资料、劳动对象）相比，最重要的特征是具有创造性、变革性，劳动者是物质要素的创造者和使用者，物质要素只有被人掌握和使用，与劳动者结合，才能形成现实的生产力，因此劳动者是生产力中起主导作用的要素。马克思主义社会产品扣除理论认为，社会主义财政是社会产品进行分配时，根据社会再生产和公共消费的需要，依次进行一系列的扣除和集中使用，取之于民，用之于民。习近平新时代中国特色社会主义思想指出以人民为中心的发展思想是马克思主义政治经济学的根本立场。综上，马克思主义认为，劳动者是生产力中最关键的因素，资源配置应当关注人、以人为本。

（3）科斯定理推论对资源配置调控环节的指引。

如前所述，根据科斯定理，在交易成本为零的条件下资源配置结果与资源配置初始状态无关。进而我们推出，在现实经济过程存在交易成本条件下，为了达到扶贫效果即调整社会群体间的资源分配结果，需要对资源配置初始状态加以干预调节。那么接下来的问题是，当我们把扶贫理解为调整不同社会群体间的资源配置时，什么环节是资源配置的初始环节，什么是资源配置的结果环节？事实上，如果我们假设劳动力在参与生产过程之后取得的收入报酬是其资源配置的结果状态，则可以认为其在进入生产过程时的状态是其资源配置初始状态。因此，按照科斯定理的逻辑进行分析，在现实经济中要达到扶贫效果，应当关注劳动力进入生产过程、取得收入之前的资源配置初始环节，这个环节也就是就业环节。

（4）劳动力就业：财政扶贫实现公平与效率融合的载体。

根据马克思主义以人为本发展逻辑和科斯定理推论，应当关注人这个生产力中最活跃、最具潜力的因素，关注人的能力和素质提升这个资源配置的初始环节。一方面，人的能力提高是其获得更多机会的基础，因而提升人们能力与素质，缩小能力鸿沟，将促进机会公平，改善物质资料分配结果的过大差异，有利于结果公平；另一方面，作为生产力最活跃要素——人的能力素质提升，即人作为生产力要素质量的改善，必将推动生产力发展，发展质量提高会有利于社会效率。可见，在以人为本的理念和制度框架下，由于关注活劳动，着眼于缩小人的能力鸿沟，因此较好解决了传统框架下公平与效率的矛盾。而人参加社会生产的表现形式就是就业，因此，按照以人为本的发展逻辑，关注就业是财政扶贫达成公平与效率融合的必然。

长期以来，我国财政扶贫一直非常重视调节物质财富的分配，促进物质财富的增长，一方面这诚然非常重要，但另一方面应当承认，物质财富的分配与增长是分配的结果，而不是分配的起点和初始条件。从科斯定理和以人为本的发展逻辑可知，很多结果上的不公平是由机会不公平、起点不公平造成的，是初始条件分配不均衡的反映，故仅关注改善物质财富分配结果而不对初始条件做出改变，难以从长期上、根本上解决问题，公平不仅是物质结果的公平，更需要关注人与人之间机会的公平，解决机会不公平、起点不公平问题尤为重要。对进入社会生产的劳动者而言，机会不公平主要体现在劳动力面临的就业机会、就业状况的差异上，农村劳动力的不良就业状况、不平等就业机会，形成了贫困这一结果上的不公平。因此，财政扶贫应当关注改善劳动力的就业状况，促进机会公平、起始条件公平。将财政治理贫困的主要环节由福利经济学派的收入分配结果环节提前到就业这个收入分配起始环节，改善贫困者的就业能力与就业机会，进而通过社会自发的分配机制使其得到符合而非背离效率原则的收入提升，是有利于效率的财政扶贫方式，并可以治理包括绝对贫困和相对贫困在内的贫困。

（5）改善就业关键在于加强人力资本投资，增加并均衡社会领域公共产品。

就当前社会经济发展而言，从依靠物质资本向依靠人力资本转变是发展过程的客观要求，其根源在于一是只有人类智慧的进步才能推动人类不断实现质的发展，二是物质资源的有限性使依靠物质资本推动的发展必然受到物质要素的约束限制而不可持续。经济起飞以后需要转变为依靠人的知识、技术和创造力实现发展，这集中体现在人力资本投资上。就劳动者而言，人的就业能力与就业机会的提升来源于人力资本投资与积累，而人们在能力素质从而就业能力、就业机会方面的差异，又与人们获得的教育、医疗等公共产品的数量和差异息息相关。因此，应当加大人力资本投资，更加注重发展教育、培训、医疗等提升人的劳动能力的公共产品并提升其均等化配置水平。

3.3　财政—就业—贫困的传导机制

3.3.1　就业对贫困的影响

本书对就业状况的考察从三个维度进行：一是就业数量，二是就业质量，三是就业环境，这样，就业状况包含着就业数量充分与否、就业质量提高与否、就业环境平等与否，成为具有丰富内涵的范畴。一个群体的就业状况与其贫困状况具有极为密切的关系。劳动力就业数量不充分、质量不高、环境不利的不良就业状况，会导致该群体获得的就业收入低下，甚至陷入失业无收入来源，在社会中处于弱势地位，陷入绝对或相对贫困。反之，充分、稳定、高质量的就业状况，会使就业群体获得稳定和可以满足基本需求甚至更高需求的收入，获得更多的受教育机会和其他社会权力，摆脱绝对和相对贫困。

3.3.1.1　就业数量与贫困：基于凯恩斯主义的分析

凯恩斯《就业、利息与货币通论》指出，就业与繁荣或衰退之间具有极为密切的关系，在充分就业限度之内，就业增加将使总产出水平提高，实现繁荣；反之，不充分就业将造成衰退。奥肯定律根据美国数据提出，失业率每高于自然失业率1个百分点，实际 GDP 将低于潜在 GDP2 个百分点，说明就业具有极大的促进增长效应。

对于劳动者个人而言，如果经济系统提供的就业岗位数量不足，则他面临的就业机会少，获取收入、增加收入的机会就会降低，陷入贫困的机率增加；反之，如果经济系统提供的就业岗位数量多，则他面临的就业机会多，获取收入、增加收入的机会就多，陷入贫困的机率降低。对于社会而言，一个社会中就业机会少，意味着更多人失业和陷入贫困；反之，社会中就业机会多，意味着更多人得到工作岗位摆脱失业从而贫困减弱。

3.3.1.2 就业质量与贫困：基于人力资本理论的分析

人力资本理论认为，在一个高度发达的劳动力市场中，人力资本是一个能够决定劳动力收入和就业的关键变量。舒尔茨（Schultz，1960）格外强调增加教育投资、发展教育事业对贫穷国家人力资本形成、经济持续发展的重要意义。他发现生产量和生产率提高的重要原因不是土地、劳动力数量或资本存量的增加，而是人的知识、能力和技术水平的提高。经济增长中人的知识、能力、健康等人力资本的提高对经济增长的贡献远比物质资本、劳动力数量的增加重要得多。贝克尔在《人力资本》中指出："大量详尽的证据，证实了人力资本，特别是教育在经济上的重要性，最有力的证据大概是，受过更多教育与具有更高技术的人总是比其他人的收入多，这一点对美国和苏联这样不同的发达国家，对印度和古巴这样的不发达国家，对一百年前的美国和现在的美国都同样是正确的……工资与收入分配的不平等与教育和培训的不平等一般是正相关的关系……失业与教育一般是有密切的反方向关系。”①

本书认为，人力资本、受教育水平并非如贝克尔所说在任何时间地点都与收入水平呈现密切的正相关关系，这要受到他（她）所从事的职业、一国收入分配政策的影响。但应当承认，受过高等教育的人即使获得的收入不高，很大程度上也是当年毕业时自己选择职业的结果，而并非被动地接受较低工资。因此，如果不考虑个人选择的因素，可以认为贝克尔的说法总体上是正确的，受教育程度、劳动力素质极大地影响着人们的生存条件与就业质量。一是高技术含量和高质量的劳动具有一定程度的稀缺性和复杂程度，不易被替代，高质量就业能保证劳动者获得较高的稳定的收入来源；二是随着经济发展和技术进步，岗位需求会逐步提高，高质量就业者能获得更多提高自身素质和发展的机会，必然远离贫困。反之，低技术含量的简单劳动者，可替代性强，就业既不稳定又收入微薄，很容易成为社会中相对贫困的群体。

按照这一理论分析，贫困人口要实现最有效率的脱贫，就应提高就业质量，到高附加值的产业领域就业，如到技术含量高的第二产业、新兴第三产业、现代农业就业；而在低附加值的产业领域，如建筑业、餐饮服务业、传统农业打工或经营取得的脱贫效应较低，但是到何种行业、何种工种就业取决于受教育程度、文化素质、技能水平。因此提高就业质量摆脱贫困，最根本的途

① 贝克尔．《人力资本》［M］．梁小民译，北京：北京大学出版社，1987：2.

径还是提高人口素质。

3.3.1.3 就业环境与贫困：基于资源配置理论的分析

从经济学角度看，优化劳动力配置能减轻和改善贫困，生产要素从边际生产率较低的部门向边际生产率较高的部门流动是提高要素生产效率的重要途径之一，资源要素的优化配置即帕累托改进不但能够带来个体要素报酬的提高，还将带来要素整体报酬的提高，因而是减轻贫困和经济增长的重要源泉。农业部门劳动力的边际生产率低于非农业部门劳动力的边际生产率，因此，劳动力从农业部门向非农业部门转移会提高劳动力的配置效率，相应推动经济增长，并带来劳动者收入的提高。反之，如果劳动力流动受到阻碍，不能配置到较高边际生产率的岗位上就业，劳动力潜在供给不能形成现实供给畅通有效地满足需求，则会损失潜在经济增长，并使劳动者报酬无法实现最大化，导致制度性贫困。

3.3.1.4 就业与贫困关系背后的规律：人口两重性

就业问题之所以会传导为贫困问题，劳动力就业不理想之所以成为导致贫困和经常返贫的直接原因，本书认为，其根源在于人口同时具有两个属性：消费者属性与生产者属性。当人口就业时，生产者属性就大于消费者属性，人在创造价值；当人口失业时，则单纯具有消费者属性，当事人会面临生活窘迫，国家会被贫困问题困扰。因此，解决贫困的根本还在于发挥人的生产者属性，促进和提升就业，财政扶贫要取得应有的效果，就必须精准施策，调整财政投入方向，瞄准改善劳动力的就业状况。

3.3.2　就业影响因素分析

在对就业对贫困的影响进行分析之后，有必要进一步对经济系统中影响就业的因素进行探究。劳动就业理论是研究劳动力就业一般规律的理论，因而对就业影响因素的研究是其最重要的研究内容。

3.3.2.1　主要的劳动就业理论

刘易斯（1954）建立的二元经济条件下的劳动力无限供给模型，认为传统农业部门存在大量边际收益为零的劳动力，因此，他把传统农业部门看作是现代部门的劳动力“蓄水池”。认为传统农业部门剩余劳动力转移完全取决于城市现代部门的发展和现代部门的工资率。当城市现代部门发展的时候，只要其工资率高于传统农业部门的工资率，低工资的传统部门的劳动力就会尽最大努力向高工资的城市现代部门涌入。[①]

其后，费景汉和拉尼斯（1961）进一步修正和发展了刘易斯的模型，并提出重视技术变化的“费—拉模型”，其中心思想是劳动力转移就业的先决条件是传统部门劳动生产率的提高。[②]

① 陶文达，黄卫平，彭刚．《发展经济学》［M］．成都：四川人民出版社，1985：125－126.

② 陶文达，黄卫平，彭刚．《发展经济学》［M］．成都：四川人民出版社，1985：126－127.

托达罗（1969）建立的预期收入差异决定劳动力转移就业和人口迁移理论认为，农村劳动力是否迁往城市主要取决于预期的城乡收入差别，而这种预期的城乡收入差别又是由城乡实际收入差别和劳动力进城后找到工作的可能性决定的。农村劳动力迁往城市的数量是城乡收入预期差异的增函数。①

当然，由于假设条件的限制和现实生活的千差万别，这些理论还不足以完全解释农村劳动力就业的全部具体问题，不能揭示微观行为主体在劳动力人口迁移或家庭时间配置中的决策机制。20 世纪 60 年代以来，从微观主体理性行为角度研究农户家庭时间配置决策成为一种新的潮流。贝克尔（1965）等人认为：农户家庭既是一个消费单位又是一个生产单位，农户家庭的消费和生产都属于理性行为，农户家庭是一个追求效用最大化的主体；在研究农户非农劳动供给行为时，将农户家庭时间划分为消费的时间（闲暇）、农业劳动的时间、非农业劳动的时间等三个部分；时间配置均衡的条件就能够从服从于预算约束和时间约束的效用函数最大化条件中得出；农户家庭在农业和非农业之间进行劳动时间分配所服从的原则是农业劳动的边际净收入与非农业劳动的边际净收入达到相等。这种理论能够较好地从相对微观的角度解释农村劳动力选择在本地还是异地就业、在农业或是非农业就业的问题。②

贝克尔重视培训对劳动力就业的作用。他在分析培训的作用

① 托达罗．《经济发展计划化：模型和方法》［M］．北京：中国社会科学出版社，1979.

② 贝克尔．《人力资本》［M］．梁小民译，北京：北京大学出版社，1987.

时，将培训分为一般培训和特殊培训。所谓一般培训，是指接受培训者所获得的知识、技能，不但对本企业有用，而且对其他企业也是有用的企业职工培训。所谓特殊培训，又称专门培训，是指能更大程度地提高提供培训企业的生产率的培训。接受培训者的知识、技能等人力资本增进之后，对于提供培训的企业之外的其他企业的生产率没有显著影响的培训。

斯塔克（1985）利用相对经济地位变化这个概念来解释劳动力流动和人口迁移现象，进一步丰富了解释农村劳动力人口迁移的理论。他认为单纯工资率差异或收入差异不足以解释当今世界发生的劳动力流动和人口迁移现象，劳动力流动和人口迁移对一个家庭来说，不仅是为了增加收入，还为了降低风险和摆脱束缚，同时还在于改善他们的相对经济地位。斯塔克对收入分布与迁移的关系十分注意，认为一个社区收入分配越是不平均，人们对相对贫困的感觉就越强烈，个人和家庭迁移的欲望就越热切。[①]

3.3.2.2 就业影响因素

对上述劳动就业理论进行梳理，我们发现在相对成熟的市场经济当中，劳动就业理论研究提出的影响劳动力就业的因素，大致分为需求因素和供给因素两大类。宏观理论如刘易斯二元结构模型、费—拉模型、托达罗人口迁移模型，从经济总体探求劳动力资源配置规律，主要分析劳动力就业的需求因素，包括产业发展状况、比较收入水平等引致劳动力要素配置的因素。微观理论

① Oded Stark, David E. *The New Economics of Labor Migration* [J]. The American Economic Review, 1985 (2).

如贝克尔、哈夫曼效用最大化就业理论、斯塔克相对经济地位理论，从微观个体自身解释劳动力供给，主要分析劳动力就业的供给因素，包括个体选择偏好、就业能力等影响劳动力就业的因素。

劳动就业理论为我们分析就业影响因素提供了基本思路：我们在分析影响就业的因素时，应当从需求因素、供给因素两个方面加以考察，在需求方面主要考察经济系统为劳动力就业提供的环境与条件，在供给方面主要考察劳动力能够向经济系统提供的供给意愿与能力。同时，我国市场经济体制尚在建设之中，市场机制尚不完善，市场对资源配置的决定作用在一些领域尚未充分发挥，因此还存在着第三种因素，即阻碍供给向需求实现的体制因素，在后面章节具体分析我国情况时亦需加以考虑。

3.3.3 财政对就业的影响

3.3.3.1 财政与就业数量：基于凯恩斯主义和产业经济理论的分析

凯恩斯主义认为，形成经济萧条的根源是需求不足，经济没有达到充分就业状态。为解决有效需求不足，必须充分发挥政府作用。通过采用扩张型财政政策，能够刺激有效需求，增加就业岗位，增进就业。产业经济理论认为，不同产业的就业弹性系数不同，每实现 1% 增长，有些产业吸收的就业量大，有些产业吸纳的就业量少。

用凯恩斯主义和产业经济理论观察财政对就业的影响，财政政策对就业数量具有较强的干预功能。在经济未达充分就业、潜在产业没有完全释放的条件下，扩张型财政政策可以增加全社会的就业总数量，同时，由于财政政策具有对象选择性强、有利于结构调整的特点，财政通过实施产业政策，促进就业弹性高的产业发展，可以增加经济系统的就业吸纳能力。

财政对就业数量的影响主要体现在：财政如果采取促进总需求扩张或鼓励劳动密集型产业发展的政策，则形成对劳动力的有效需求，提高经济对劳动力的就业吸纳能力，增加就业机会、就业岗位。反之，如果财政在拉动经济增长或者促进劳动密集型产业发展方面政策缺失，则不利于增加全社会就业机会，会造成就业吸纳能力的潜在损失。

因此，财政实施扩张性政策或者实施促进第三产业、劳动密集型产业、小微企业、乡镇企业以及小城镇发展政策的措施主要包括：实施减税政策、财政补贴、预算投资等。在这里，并不是将失业劳动力直接安置到通信、银行、广播电视等第三产业的高端行业或者人为对接到某些发达地区就业，而是通过增加全社会的就业岗位数量，通过劳动力在各行业的自由流动、自发配置的机制，实现劳动力与岗位需求各得其所。

3.3.3.2 财政与就业质量：基于公共产品理论的分析

财政提供的公共产品对就业质量具有极为重要的影响。公共产品，按照萨缪尔森 1954 年给出的定义是指“每个人对这种物品的消费，不会造成任何其他人对该物品消费的减少”的物品。[①]非排他性是公共产品的第一个特征，即一些人享用公共产品带来的利益而不能排除其他一些人同时从公共产品中获得利益。非竞争性是公共产品的第二个特征，即消费者的增加不引起生产成本的增加，或者说，提供公共产品的边际成本为零。此外，外部效应和效用的不可分割性也是公共产品的重要特征。[②] 公共产品和私人产品是社会产品中典型的两极。也有一些物品兼备公共产品与私人产品的特征，称之为混合物品或准公共产品，如公园、公立医院等。公共产品和许多准公共产品应由政府提供。当然，政府提供不等于政府直接生产，许多公共产品是政府向社会购买、由私人生产、再向社会提供的。公共产品是一个相对的、发展的

---

① 梁晓明等.《经济学大辞典》[M]. 北京：团结出版社，1994：76.

② 陈共.《财政学》[M]. 北京：中国人民大学出版社，2004 第四版：20.

范畴，其内涵不是一成不变的，而是随着社会历史的发展和环境变化而发展变化的。

用公共产品理论观察财政对就业的影响，劳动力素质、就业能力、就业机会，很大程度上是由财政向社会公众提供的教育、医疗等公共产品形成的，是公共产品消费形成的产出。其一，这些公共产品一方面有益于劳动者个人，另一方面对经济发展和社会稳定具有重大意义，具有很强的公益性质，因此应由政府提供；其二，财政提供公共产品的数量多寡与品种结构，体现了政府对社会经济发展的引导力度与方向；其三，财政向各群体分配公共产品的结构，改变着不同群体之间的资源配置，影响着他们在分配中的初始条件。

在这些公共产品中，教育公共产品具有尤为突出的作用：其一，教育是提高劳动力素质和就业质量的关键因素，劳动力素质和就业质量是由教育公共产品的数量和均等化程度决定的。根据人力资本理论，人力资本是决定劳动力收入和就业的关键变量，人力资本投资中最重要的是教育支出，受教育时间越长，劳动力所拥有的知识、技能就越强，其劳动的边际生产率也越高，工资越高。其二，事实上，劳动者的文化程度、受教育水平，不但决定就业质量，而且还是其他一切扶贫措施得以有效发挥作用的先决条件。2019年诺贝尔经济学奖获得者班纳吉和迪弗洛（Banerjee A. , Duflo E.）在《委托授权：把反贫困的权利还给穷人?》中提到："小额信贷和促进小企业发展被视为帮助穷人的更好方式。显而易见的假设是，穷人既有能力也乐于行使这些新权力。”① 的确，内因是根本，外因是条件。只有具有一定的知识和素质，才有能力准确运用扶贫政策提供的便利，众多扶贫措施才能起到效果。

财政对就业质量的影响主要体现在：财政如果增加公共产品供应，特别是优化公共产品供给结构，增加对劳动力的教育、医疗等公共产品供应，则有利于提高劳动力素质，提高劳动力就业能力，使其可以获得收入更高、更加稳定的就业岗位。反之，如果财政在提高劳动力素质、增强就业能力的公共产品方面供应不足，或者配置不均衡，则会影响一部分劳动力的能力素质培养和就业状况，不利于劳动力就业质量提高，导致贫困。

因此，财政提高劳动力素质、增强其就业能力的措施主要包括：增加与劳动力素质和就业能力密切相关的培训、医疗等公共产品投入，特别是重点加强财政教育投入；实施基本公共产品均等化政策，均衡区域间投入结构，提高欠发达地区教育、培训、医疗等基本公共产品投入比重；改善公共产品的品种结构，有保有压。此外，还要通过深化财政体制改革，建立横向转移支付制度，均衡不同地区财力，缩小地区间基本公共产品配置差距，为提升就业质量和扩大就业数量提供支撑。

---

① Banerjee A., Duflo E. *Mandated Empowerment: Handing Antipoverty Policy back to the Poor?* [A]. Annals of the New York Academy of Sciences, Vol. 1136 (1): 333 - 341. 2008.

3.3.3.3　财政与就业环境：基于体制影响与要素流动理论的分析

体制因素会影响经济发展和要素流动，而要素自由流动是要素有效配置的条件。亚当·斯密在《国富论》中指出："欧洲的政策，由于不让事物有完全的自由，也引起了其他更为重要的不平等……第一，限制某种行业中的竞争，使从业的人数比不加限制时将要进入这种行业的人数少；第二，在其他行业中，使从业的人数增加到超过自然而然地会进入这种行业的人数；第三，阻止劳动和资本从一个行业到另一个行业，从一个地点到另一个地点的自由流通……学徒法律阻碍劳动从一种职业向另一种职业自由流通，甚至在同一地方也是如此……如果没有这些荒谬的法律从中作梗，工人们是很容易相互改变行业的"。① "所有偏重或限制的体系被完全取消以后，明显的和简单的天然自由体系，就自行建立起来了。"②

从体制影响与要素流动角度观察，财政对就业环境的影响主要体现在：财政如果打通阻隔在劳动力供给与劳动力需求实现之间的体制制度障碍或信息障碍，使劳动力获得畅通的转移就业渠道、平等的就业机会、同等的获取收入机会，则会优化就业环境。反之，如果与劳动力就业相关的保障制度存在地域、行业、

---

①　亚当·斯密．《国富论》[M]．杨敬年译，西安：陕西人民出版社，2001 第 1 版：150 - 168.

②　亚当·斯密．《国富论》[M]．杨敬年译，西安：陕西人民出版社，2001 第 1 版：753.

身份的分割，或者就业信息传递渠道缺失，则形成不利的就业环境。

因此，财政消除劳动力供求障碍的措施主要包括：通过健全社会保障制度，打通各地区养老、失业、医疗保险，取消繁杂的登记签转手续，实现随时随地缴纳、报销、领用，解决劳动者的后顾之忧，促进跨地区就业和多种形式就业；通过建立横向转移支付制度，为基本公共产品均等化提供财力保障；通过提供就业信息服务体系作为公共产品，减少信息不对称，畅通就业渠道；通过支持深化经济体制改革，发挥在国家治理中的基础和重要支柱作用，来消除阻碍劳动力自由流动、优化配置的体制壁垒，实现就业机会的均等、社会权利的平等。

至此，财政—就业—贫困传导机制得以建立。

3.3.4 财政的就业扶贫效应

基于上述财政—就业—贫困传导机制，相应地，财政可以通过促进就业来治理贫困。

3.3.4.1 财政实施就业扶贫的功能与路径

财政通过提供公共产品、财政政策及优化管理体制，来影响就业，进而通过就业的改善达到扶贫效果。

其一，财政实施扩张型政策和产业结构政策。通过减税、补贴等政策措施，刺激扩大需求，促进高就业弹性产业发展，增强经济系统的就业吸纳能力，增加全社会就业数量，进而使更多劳动者获得收入，减少贫困。

其二，财政增加公共产品数量，优化公共产品结构。通过改善公共产品的品种结构，增加与劳动力素质和就业能力密切相关的教育、培训、医疗等公共产品；通过调整公共产品的区域配置结构，实施基本公共产品均等化政策，提高向欠发达地区提供基本公共产品比重。以提高劳动力素质，增强其就业能力，增进收入，减轻贫困。

其三，深化财政体制改革，推动经济体制改革。通过完善医疗养老等社会保障制度，为农村劳动力跨地区就业、多种形式就业提供保障，改善就业环境；通过建立横向转移支付制度，均衡不同地区财力，缩小地区间基本公共产品配置差距，为提升就业质量和扩大就业数量提供支撑；财政发挥国家治理作用，支持和推动经济体制改革，消除阻碍劳动力供给向需求实现的体制障碍，为建立供给与需求自动适应的良性体制，为欠发达地区长期稳定发展奠定制度基础。

3.3.4.2　财政就业扶贫的三个方面与三个手段

就业数量、就业质量、就业环境三个方面是连接财政与贫困的桥梁。财政对就业的影响作用于就业数量、就业质量、就业环境；就业对贫困的影响也体现在这三个方面。

本书在第 1 章中提出了财政实施就业扶贫的三个手段：财政资金、财政政策、财政体制，它们在对就业不同方面的促进作用上有所侧重。在增加就业数量、扩大经济对就业吸纳能力方面，由于涉及全社会资源配置，仅依靠政府投入是不够的，因而以政策手段为主，以资金手段、体制手段为辅。在提高就业质量、提升劳动力素质方面，由于主要涉及基础教育、基本医疗等公共产品，这些公共产品资源由政府直接配置，因而以资金手段、公共产品供应为主，体制手段对于均衡各地区财力、保障资金和公共产品供应也具有重要作用，而以政策手段为辅。在改善就业环境、推动要素流动和平等就业方面，需要以体制手段为主，资金手段、政策手段为辅。

3.4 本章小结

通过本章的分析，归纳得出基于改善劳动力就业的财政扶贫观：

（1）财政扶贫在市场经济条件下有其必要性：贫困问题会导致有效需求不足，影响经济运行，并会形成公共风险，危及社会稳定。但市场机制无法自行解决贫困问题，因此需要政府的干预。治理贫困，是财政三大职能的题中应有之义。

（2）就业问题是贫困的汇聚地从而也是分析贫困、治理贫困的重要因素：基于贫困成因各理论，贫困的最终成因虽然多样，但这些成因都通过就业问题向贫困传导，就业问题是贫困的汇集地和总枢纽。按照以人为本发展逻辑审视扶贫，只有将对资源配置的干预提前到就业环节，只有对劳动力及其就业给予更多关注，立足于劳动力的培养发展和就业改善，才能从长期上、根本上解决问题。

（3）影响就业的因素包括需求因素、供给因素、体制或传导因素三个方面：由于就业与贫困的密切关系，有必要对影响就业的因素加以研究。基于劳动就业理论，就业影响因素在通常意义上主要包括需求和供给两方面因素，因而就业状况不佳主要由供给和需求两方面因素造成，应当从需求和供给两个方面加以考察，但在我国市场经济体制尚不完善的特定条件下，还存在第三种因素，即阻碍供给与需求实现的体制因素。需求因素主要有经济发展状况、产业结构状况等决定经济对劳动力吸纳能力，决定就业机会和就业岗位多寡的因素。供给因素主要有文化素质、就业技能、个体选择偏好等能决定劳动者具备和能够提供的劳动能力的因素。体制或传导因素主要有行政性壁垒、就业服务等影响劳动力潜在供给形成现实供给以满足需求的因素。

（4）财政—就业—贫困传导机制或影响效应：财政通过就业影响因素影响劳动力就业状况，劳动力的就业状况影响其贫困状况。这种影响既包括正效应的传导也包括负效应的传导：

如果促进产业发展、鼓励增加就业岗位的财政政策措施不到位，财政提供的公共产品数量不足、品种不合理、地区分布不均衡，对公共资源配置不当，横向转移支付制度缺失，则形成就业岗位不足、劳动力素质不高等不利的就业影响因素，经济社会出现就业不充分、就业质量不高、就业环境不利的不良就业状况。处于这种不良就业状况的劳动力收入低下且不稳定，社会贫困现象增加。

如果财政运用税收、补贴、预算投资等措施，引导劳动密集型产业发展，促进经济稳定增长，则将创造就业岗位，增加就业数量；财政通过提供公共产品提高弱势群体的文化素质、劳动技能、身体素质，尤其是通过教育公共产品提高劳动力的全面素养，将使劳动力获得更体面、具有更高价值和技术含量、更稳定的就业岗位，提升就业质量；财政通过深化改革，提供公共产品和统一便捷的政策环境，将促使劳动力流动畅通，降低劳动力转移就业成本，优化就业环境，促进劳动力潜在供给转化为现实供给，促进劳动力供给向需求的实现，实现更多更高质量的就业。进而通过就业数量、质量、环境的全面改善，在增加劳动者个人收入、提高其生活水平的同时，平衡总供求，提高总产出，推动经济发展，有效治理贫困。

（5）基于财政—就业—贫困传导机制对我国财政扶贫和财政资源配置中存在问题的认识及今后财政扶贫思路。

基于上述传导机制的认识，以往我国农村财政扶贫之所以存在投入多、产出少、效果不甚理想，并且容易发生返贫等问题，原因在于没有对改善劳动力就业这一关键点给予足够重视，忽视了对农村贫困人口就业能力、就业机会、就业环境全面的长远性、根本性改善，而是偏重关注贫困者眼前的生活困难，偏重帮助贫困者发展短期见效快的农副业生产。同时，造成农村劳动力就业状况不佳从而相对贫困的因素，包括劳动力素质不高、技能欠缺，第三产业和小微企业发展不足等，与以往公共资源配置的不均衡、不到位有关，与财政促进就业的公共政策不到位有关，如教育公共产品投入不足且地区均等化程度低、公共基础设施配置不均衡、财政对小微企业吸纳劳动力就业的补贴政策缺失、财政体制中地区间横向转移支付缺失。财政的这些问题不是孤立的，它反映出长期以来我国在发展理念中重经济轻社会、重实力轻活力、重大轻小、重物轻人的弊端。

因此，财政扶贫应当关注就业问题，通过提供公共产品、财政政策和完善管理体制，对影响就业的需求因素、供给因素、体制或传导因素进行优化，从而改善劳动力就业状况，起到较好的贫困治理效果。

今后财政资源配置的重点，应从关注短期性、见效快、以增加农户经济收益为直接目的、帮助农户开展农副业生产的扶贫项目调整为关注人口素质、公共产品均等化程度、就业机会等长期性因素，从更一般意义上讲，财政资源配置应从经济领域更多转向社会领域，更加关注人的发展；从短期效益更多转向长期效果，更加关注长远利益；从偏重效率更多转向偏重公平，更加关注公共资源配置均等化和促进社会经济权利的平等。财政扶贫的实现路径，一是优化公共产品供给，增加教育投入，均衡分配，提升农村劳动力的素质即就业能力；二是积极调控经济发展，调整产业结构，鼓励小企业发展，扩大经济对就业的需求，为劳动者提供更多就业岗位；三是消除或减轻阻碍供给与需求实现的体制因素。进而通过就业数量、就业质量、就业环境的优化，增加农村劳动力的就业收入，增进其福利，从而达到有效治理贫困的目的。

（6）两层传导机制：从上述分析可以看出，财政—就业—贫困的理论与实践体系中，存在着两个层次、两个方面的传导机制，如图3－1所示。

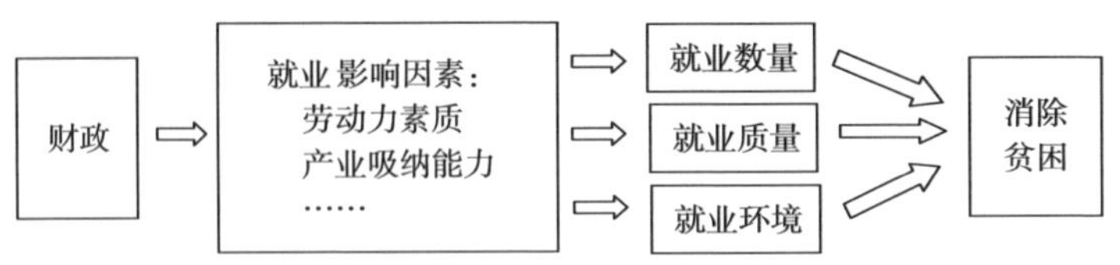

图 3-1　财政—就业—贫困的传导机制

两个层次的传导：财政影响就业，就业影响贫困。公共产品配置、社会资源分配方面的问题，实质是社会经济权力不平等，影响了劳动力的就业数量、就业质量和就业环境。通过改善就业，即增加就业数量、提高就业质量、改善就业环境，可以为劳动者提供长期稳定的收入，有效治理贫困。

两个方面的传导：一是矛盾和问题的传导，即财政公共产品不足与失衡、财政政策不到位、财政管理体制不完善传导为就业矛盾和贫困问题。二是措施和效用的传导，即调整后的有效财政措施，包括均衡与注重公平的公共产品分配、立足国情扩大就业需求的财政政策、均衡导向的转移支付制度，传导为就业改善和贫困减轻。

随后章节在本章财政—就业—贫困传导机制基础上向现实经济过程进行具体展开。第 4 章考察我国农村财政扶贫的历史进程及取得的成绩与当前存在的主要问题；第 5 章以就业视角考察问题成因，从财政—就业—贫困传导机制角度分析现实中阻碍农村贫困问题解决、影响财政扶贫效果的就业因素与相关财政因素及其对农村贫困的影响过程，为有的放矢解决问题、提升财政扶贫成效做准备。第 8 章提出财政促进就业治理贫困的思路与措施。

第4章　我国农村财政扶贫历程及当前成效与问题

本章对改革开放以来农村财政扶贫的历程进行回顾梳理，对财政扶贫政策与实践的互动演变关系、各阶段特征做出分析，从当前贫困问题治理现状角度归纳财政扶贫的成绩与存在的主要问题。

4.1　改革开放以来我国农村财政扶贫的历史进程

改革开放后我国的财政扶贫大致分为以下四个阶段：

（1）解决温饱的救济性扶贫阶段（1978～1985年）。

1978年开始的改革开放对中国经济建设和扶贫工作起到了举足轻重的作用。1979～1983年，我国工农业总产值平均每年递增7.9%，国民经济和国家财政收入都持续向好发展。在解决农村贫困问题方面，改革开放率先从农村突破，农村家庭联产承包责任制极大地激发了农民的积极性和创造性，农产品产量增加，农民收入迅速提高，带动了农村经济快速发展，农村贫困人口迅速减少。

该时期的农村财政扶贫政策有两大特征：一是救济性，二是区域性。自这一时期，我国财政开始安排资金集中治理贫困问题，并制定10年的长期规划，每年划拨2亿元资金用于支持西部地区农业发展和减贫扶贫工作；同时制定了扶贫工作的配套措施和相关优惠政策；针对农村基层组织资金管理混乱问题提出对资金由省、自治区政府采取统一协调划拨，统一管理。

（2）自力更生的开发式扶贫阶段（1986~2000年）。

由于20世纪80年代中期开始，中国改革开放的重点从农村转向城市，以城市为中心的工业化和市场化进程不断深入，外向型经济快速增长，农业、农村、农民“三农”问题逐渐凸现出来。1986年，中央政府成立专门的扶贫工作领导机构——国务院贫困地区经济开发领导小组，组织开展扶贫工作。1994年，国家颁布实施《国家八七扶贫攻坚计划（1994—2000年）》，明确提出要“集中人力、物力、财力，动员社会各界力量，力争用7年左右的时间，基本解决目前全国农村8000万贫困人口的温饱问题”，并出台了一系列优惠政策。这是全世界发展中国家唯一有明确目标、明确对象和时间期限的国家扶贫纲领性计划。在此背景下，开发式扶贫工作选择了以县为重点加以推进。这是一个经济增长益贫作用减小、政府开发式扶贫全面发挥作用但力量不足的阶段。

可见，在全国范围内开展农村扶贫工作始于 1986 年。自此，我国针对扶贫工作按照计划进行有组织地大规模行动，由单一直接的救济性扶贫向综合配套自力更生的开发式扶贫政策推进。以各级政府成立扶贫开发领导小组和办公室为起点，中国的扶贫事业迈入新阶段。该阶段的扶贫工作呈现出中央大规模财政投入和当地经济增长的特点。从中央财政报告来看，用于扶贫的财政支出占总支出的 5%。长期治理获得显著成效，主要表现在：第一，1985～2000 年，农村贫困人口下降 3 倍，5 年间贫困发生率下降 4 倍。第二，“国家八七扶贫攻坚计划”期间，贫困人口共减少 4791 万人。第三，1994～2000 年，我国贫困县人口减少了 80%。

（3）综合配套的脱贫致富阶段（2001～2010 年）。

在 2001～2010 年的 10 年间，中国经济年均增长 10.5%，国内生产总值由世界第六位上升到第二位，产业结构优化升级，农业基础不断加强，城乡居民收入大幅提高，国家总体经济实力和政府财政能力大大增强，工业反哺农业、城市反哺农村、相对发达地区反哺贫困地区的时机趋于成熟。《中国农村扶贫开发纲要（2001—2010 年）》在此背景下颁布实施，大力实施整村推进、劳动力转移培训、农业产业项目扶贫、搬迁扶贫、以工代赈等专项扶贫政策，渐次出台实施农村费改税乃至最终全面取消农业税的政策，退耕还林、退牧还草、生态公益林建设等生态补偿政策，粮食直补、农机具补贴等农业补贴政策，义务教育两免一补、新型农村合作医疗、最低生活保障制度等社会保护政策。随着市场经济实力的进一步增强、全社会整体收入水平的增加和非政府组织的快速发展，捐款捐物、志愿服务等社会帮扶资源增多。专项扶贫、行业扶贫、社会扶贫开始各显其能，逐渐形成三位一体大扶贫格局。

在这一扶贫阶段，国家将扶贫区域瞄准的重点从县缩小到村，为提高贫困人口的覆盖面和受益率，将村作为扶贫开发的基本单位。

（4）全面小康的精准扶贫阶段（2011 年以后）。

《中国农村扶贫开发纲要（2011—2020 年）》的颁布实施使中国扶贫开发从以解决温饱为主要任务的阶段转入巩固温饱成果、加快脱贫致富、改善生态环境、提高发展能力、缩小发展差距的新阶段。扶贫开发开始成为以人为本、执政为民的重要体现，成为统筹城乡区域发展、保障和改善民生、缩小发展差距、促进全体人民共享改革发展成果的重大举措。同时，由于国内国外经济发展形势出现重大新变化，加大扶贫开发力度还成为扩大内需、加快转变经济发展方式、促进经济长期稳定可持续发展的必然要求。《中国农村扶贫开发纲要（2011—2020 年）》在规定加大财政支持的同时，还重点强调了专项扶贫、行业扶贫和社会扶贫模式的规划。同时，纲要特别强调发挥金融扶贫的作用，指出要继续完善国家扶贫贴息贷款政策，积极推动贫困地区金融产品和服务方式创新，加强贫困地区农村信用体系建设，这一阶段的扶贫筹资模式渐趋完善。面对新时期的扶贫开发特点和形势，这一阶段的扶贫开发政策较以往也有了新的不同，政府力量和市场力量开始相协同行，更加注重扶贫政策与社会保障的衔接与结合，并更加强调“精准”二字，精准到户，精准到人。

在就业相关的扶贫政策措施方面，2015 年以前国家扶贫政策对就业扶贫关注较少，2015 年中共中央、国务院印发《关于打赢脱贫攻坚战的决定》，2018 年印发《关于打赢脱贫攻坚战三年行动的指导意见》，提出了全方位的扶贫措施，包括资产收益扶贫、生态扶贫、医疗扶贫、“互联网 +”扶贫、交通水利电力建设扶贫、就业扶贫等，就业也被作为扶贫的一个方面得到一定程度的关注。文件中提到的与就业有关的内容包括支持劳务输出脱贫、异地搬迁脱贫及职业技能培训等。国家上述政策出台以后，各地又相应出台了一些与就业有关的扶贫政策。例如，山西省出台了支持农村贫困劳动力异地转移就业的措施，鼓励企业吸纳农村贫困劳动力就业，鼓励劳务输出机构开展跟踪服务，鼓励发展特色劳务品牌，开展建档立卡贫困人口劳务输出社会保险补贴试点工作；福州市出台鼓励企业创建吸纳定西贫困劳动力就业扶贫示范基地的政策措施，内容涉及组织输转定西贫困劳动力到福州就业的两地操作规程，以及交通补贴、生活补贴、稳定就业补贴，组织输转奖励等七方面；江苏省制订了到 2019 年年末在苏北分别建成电商就业创业、免费技能培训、就业扶贫车间、岗位开发援助、技校招生培养五大就业扶贫示范区的计划等。

4.2 我国财政扶贫政策与实践的互动调整及路径变迁

4.2.1 我国财政扶贫的“政策—实践”互动发展脉络与各阶段特征

4.2.1.1 “政策—实践”互动发展脉络

我国财政扶贫政策是一个在实践中不断调整、发展完善的过程。基于实践出台的一系列政策，取得了一些成效，解决了一些问题，也还存在一些未能解决的问题甚或产生了一些新的问题，这又成为下一轮政策的目标，形成了一个互动发展的脉络，见图4-1。

4.2.1.2 各历史阶段的主要特征

第一阶段（1978～1985年），扶贫的范围是区域性，以“三西”等西部地区为主要对象。扶贫主体是政府，其重点是改善人的生产生活基础条件，与此后的阶段相比，具有比较强的救济性特征。

第二阶段（1986～2000年），扶贫的范围由区域拓展至全

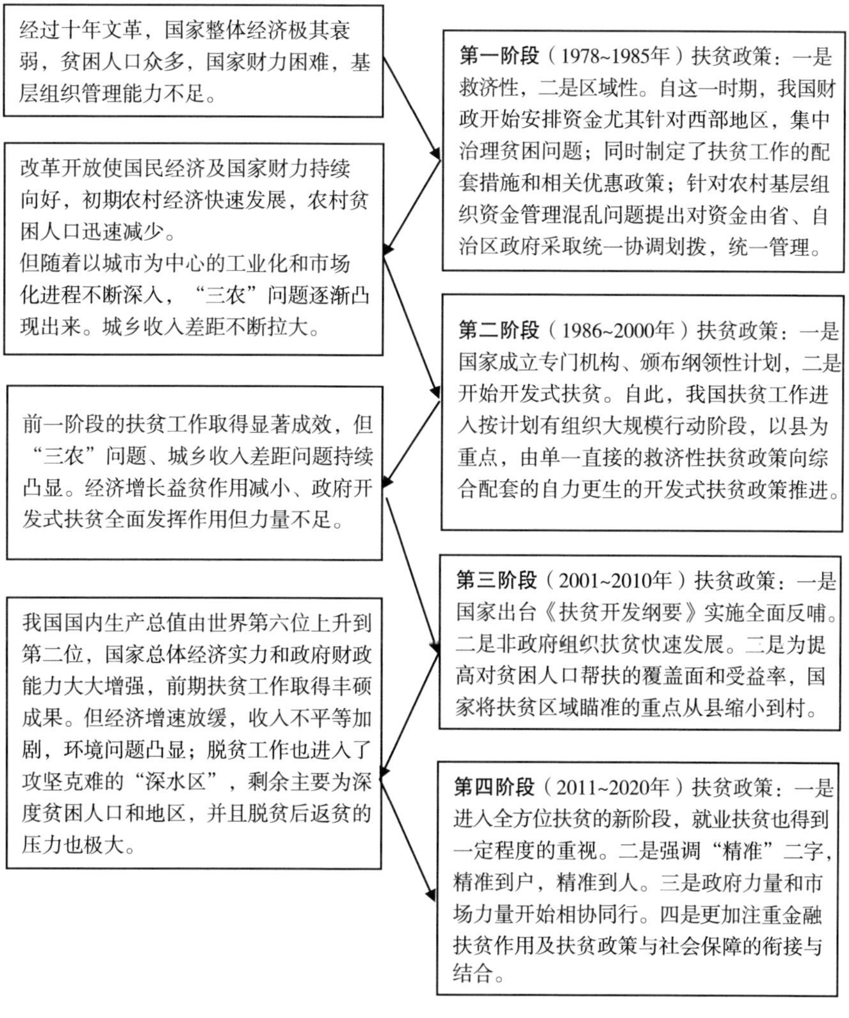

经过十年文革，国家整体经济极其衰弱，贫困人口众多，国家财力困难，基层组织管理能力不足。

第一阶段（1978~1985年）扶贫政策：一是救济性，二是区域性。自这一时期，我国财政开始安排资金尤其针对西部地区，集中治理贫困问题；同时制定了扶贫工作的配套措施和相关优惠政策；针对农村基层组织资金管理混乱问题提出对资金由省、自治区政府采取统一协调划拨，统一管理。

改革开放使国民经济及国家财力持续向好，初期农村经济快速发展，农村贫困人口迅速减少。
但随着以城市为中心的工业化和市场化进程不断深入，“三农”问题逐渐凸现出来。城乡收入差距不断拉大。

第二阶段（1986~2000年）扶贫政策：一是国家成立专门机构、颁布纲领性计划，二是开始开发式扶贫。自此，我国扶贫工作进入按计划有组织大规模行动阶段，以县为重点，由单一直接的救济性扶贫政策向综合配套的自力更生的开发式扶贫政策推进。

前一阶段的扶贫工作取得显著成效，但“三农”问题、城乡收入差距问题持续凸显。经济增长益贫作用减小、政府开发式扶贫全面发挥作用但力量不足。

第三阶段（2001~2010年）扶贫政策：一是国家出台《扶贫开发纲要》实施全面反哺。二是非政府组织扶贫快速发展。三是为提高对贫困人口帮扶的覆盖面和受益率，国家将扶贫区域瞄准的重点从县缩小到村。

我国国内生产总值由世界第六位上升到第二位，国家总体经济实力和政府财政能力大大增强，前期扶贫工作取得丰硕成果。但经济增速放缓，收入不平等加剧，环境问题凸显；脱贫工作也进入了攻坚克难的“深水区”，剩余主要为深度贫困人口和地区，并且脱贫后返贫的压力也极大。

第四阶段（2011~2020年）扶贫政策：一是进入全方位扶贫的新阶段，就业扶贫也得到一定程度的重视。二是强调“精准”二字，精准到户，精准到人。三是政府力量和市场力量开始相协同行。四是更加注重金融扶贫作用及扶贫政策与社会保障的衔接与结合。

图 4-1　政策与实践的循环互动

国，扶贫主体仍然以政府为主，扶贫重点是“三农”问题，在方式上主要是帮助贫困农户发展经济收益见效快的农副业生产，以期使农民增收脱贫。

第三阶段（2001～2010 年），随着国民经济和市场机制的发展，扶贫主体除政府外，也扩展到社会组织。政府坚持开发式扶贫方式，工作重点继续围绕“三农”问题，帮助农民发展农业项目，以期迅速增收；与第二阶段相比，更加重视减轻农民负担，全面取消农业税。此外，开始关注到本地农业以外的其他产业、其他地区对农民脱贫的重要性，实施退耕还林、退牧还草，帮助农民发展生态产业等，相应安排专门的技能培训。开始重视对贫困户提供基本医疗、义务教育、最低生活保障，构建社会安全网。

第四阶段（2011～2020年），政府与社会共同发挥作用、政府与市场相协同行的同时，政府发挥更加积极的作用，开展脱贫攻坚战。在继续坚持开发式扶贫方式，帮助农民发展农业项目增加经济收益的同时，进一步拓展扶贫重点，在前一阶段开展了生态扶贫、医疗扶贫的基础上，又开展了“互联网+”扶贫、基础设施扶贫、资产收益扶贫、旅游扶贫、光伏扶贫等，突出强调金融扶贫，对就业扶贫也逐渐重视。但就业扶贫的内涵尚比较窄，主要方式以劳务输出、异地搬迁为主，对从根本上提高人口素质，增强劳动者就业能力，扩张社会经济发展的经济吸纳能力关注不够。本阶段开始实施精准扶贫，精准到户、精准到人。

4.2.2　我国财政扶贫的宏观路径变迁

从以上改革开放以来的财政扶贫历程中，可以看到我国财政扶贫重点与思路的调整。按照政府与市场的关系，我国的财政扶贫的重点经历了两次大的调整，其背后是财政扶贫思路的调整，由此可划分为三个历史时期。第一个历史时期从改革开放开始到

1993 年，重点是帮助贫困人口解决温饱问题，思路是主要依托财政投入；第二个历史时期以 1994 年《国家八七扶贫攻坚计划》提出第一个扶贫开发行动纲领为转折性标志，重点是实施开发式扶贫，通过帮助贫困农户发展有市场需求的农副业生产项目，使其在较短时间内增收脱贫，思路是政府补助与产业发展相结合，国家扶持与市场需求相结合；第三个历史时期从党的十八大开始，重点是打赢脱贫攻坚战，消灭绝对贫困，关注社会公平，思路是充分发挥市场作用、更好发挥政府作用。在第三个历史时期，随着政府与市场关系的调整与明确，相对于第二阶段，财政和公共政策更加受到重视。在这个阶段政府开始实行大规模、全方位、多角度扶贫。

4.3　当前财政扶贫的成绩与存在的主要问题

4.3.1　贫困问题的改善情况

衡量一项工作的成败，莫过于结果。衡量财政扶贫的成绩与问题，最重要的是扶贫成效即治理后的贫困状况。从我国贫困人口逐年下降的事实可以看出，我国财政扶贫取得了举世瞩目的成就，国家统计局数据显示，2000 年以来，我国平均每年脱贫人数约200万~300万人次，农村贫困发生率呈下降趋势。[①]《2018年国民经济和社会发展统计公报》指出，按照2010年不变价2300元的农村贫困标准计算，2018年年末农村贫困人口1660万人，比上年末减少1386万人；贫困发生率1.7%，比上年下降1.4个百分点。全年贫困地区农村居民人均可支配收入10371元，比上年增长10.6%，扣除价格因素，实际增长8.3%。财政扶贫成绩显著。另外，现状也反映出财政扶贫还面临一些繁重的任务，下一步需要关注和解决以下重点问题：

（1）绝对贫困人口仍有一定规模。

虽然按照当前贫困线划定的贫困人口在我国人口总数中占比不大，但绝对量仍有一定规模，且这些绝对贫困人口多属深度贫困，解决他们的温饱问题仍然是一项艰巨任务。

（2）脱离贫困线的人口返贫压力大。

我国的脱贫率较高，但返贫率也较高，在脱贫人口中，返贫人口的比率在20%以上，个别年份甚至高达62%，与此同时，深度贫困地区返贫率高于一般贫困地区，约为30%。[②] 事实上，贫困问题的深度解决，在客观上有一个循序渐进的积累过程，这是由于不论劳动力自身能力的提高，还是包括自然条件、制度环境在内的外部环境变化，都需要一个从投入到产出的生产过程。但是一些地方在脱贫攻坚战中投入资源过快过多，却没有关注解决这些重要的深层次问题，而是延续长期以来帮助贫困户开展农

① 国家统计局.《2015年国民经济和社会发展统计公报》.

② 黄海棠，蔡创能，滕剑仑.《乡村振兴背景下的返贫风险评估及防范长效机制研究》[J].《洛阳理工学院学报（社会科学版）》，2019，34（03）：38-44.

副业生产、在短时间内迅速脱贫的扶贫思路和做法，只是加大了资金和人力物力的投入力度。这种浅层的解决方式，极易被市场和经济环境的变化波及，使已脱贫人口再度陷入贫困。

（3）相对贫困问题突出。

根据国家统计局公布的数据，2018 年我国城镇人均可支配收入 39251 元，农村人均可支配收入 14617 元，按此计算，城镇—农村人均可支配收入比为 2.69，我国城乡差距突出。2017 年我国基尼系数为 0.467，已在国际警戒线 0.4 上方运行近 20 年。另外，在脱贫攻坚战中刚刚脱离绝对贫困的人口，虽然收入超过了我国制定的贫困线标准，但在贫困线上方不远处波动，脱离绝对贫困人口的生活仍然困难，这反映出我国相对贫困问题仍有待解决，扶贫工作需要深入持续推进。目前我国扶贫对象针对处于贫困线下的绝对贫困人口，对相对贫困考虑的不多。事实上，绝对贫困与相对贫困本是一个相对的概念，都是低收入状况，区别在于是否在国家划定的贫困线以下，如果国家提高贫困线标准，相对贫困人口中就有一部分成为绝对贫困人口。

综上，贫困问题与减贫任务依然复杂艰巨而富有挑战性，表明进一步研究找准财政扶贫的关键投入领域、探索有效治理贫困的关键措施以提高财政扶贫有效性十分必要。下一步财政扶贫，实则是要从长期上、深层次治理贫困。十九届四中全会提出的巩固脱贫攻坚成果、建立解决相对贫困长效机制等任务，正是针对当前贫困问题现状对从长期上、根本上治理绝对和相对贫困提出的要求。

4.3.2 扶贫资源的效率损失

我国财政扶贫资金投入领域极广，支出方向过于分散。各个部委都承担了扶贫任务，相应安排了财政扶贫资金，由各个部委负责在其管理的行业领域投入使用，因此财政扶贫资金几乎投入到了国民经济各个门类，如：农业林业领域、住建领域、水利领域、交通运输领域、卫生和计划生育领域、文化领域、能源领域、工信领域、旅游领域等，广泛用于农产品开发扶贫、危房改造扶贫、生态扶贫、文化扶贫、光伏扶贫、旅游扶贫等。2010～2015 年 6 年间中央财政投入的扶贫资金，除了主要用于支持农林业生产以快速提高贫困人口收入外，用于其他领域的资金非常零星分散，即使人为予以归类后，反映在投向上也不集中，见图 4－2。投入到这些众多领域的资金，其扶贫产出必然是不同的，有些领域高，有些领域低。按照经济学理论，将资金从投入产出低的领域转移到投入产出高的领域将提高财政扶贫资金的总体投入产出效果，因此目前财政扶贫资金并未达到最大投入产出效果。这种分散投入各行业门类、各领域各方面的方式，使资金存在效率损失。

分散的投资影响了扶贫的效率，体现在我国经济增长对减贫的拉动效应下降。近年来，我国的扶贫数据呈现出两条走势相反的曲线，一方面我国财政扶贫的资源投入大且近年增长十分迅速。仅其中财政扶贫专项资金一项，2016 年为 661 亿元，2017 年为 861 亿元，2018 年为 1061 亿元，每年增加 200 亿元，年均

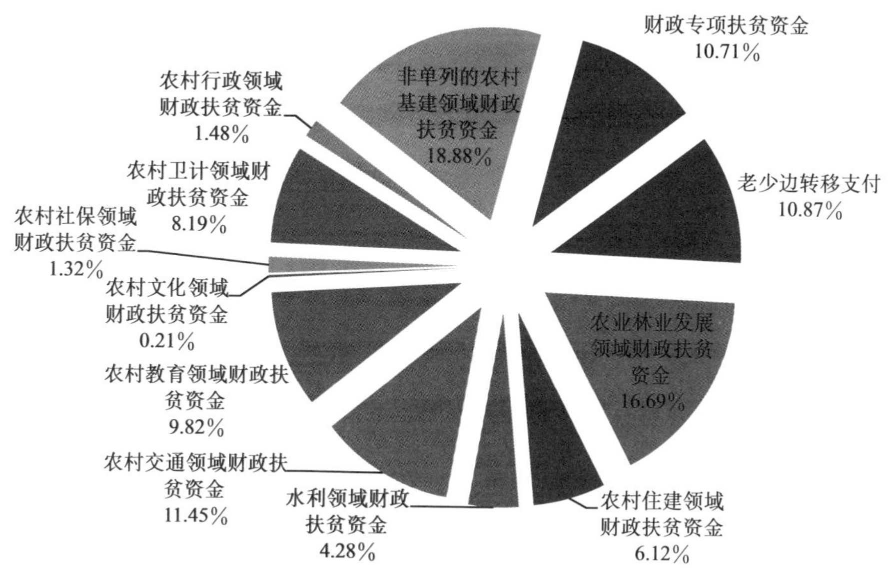

图 4-2　中央财政扶贫资金构成

增长超过 30%。国家还实施了通过政府采购方式扶贫的制度。2019 年 5 月财政部制发了《关于运用政府采购政策支持脱贫攻坚的通知》（财库〔2019〕27 号），规定“各级预算单位采购农副产品的，同等条件下应优先采购贫困地区农副产品。各主管预算单位要做好统筹协调，确定并预留本部门各预算单位食堂采购农副产品总额的一定比例定向采购贫困地区农副产品。”2019 年 8 月财政部会同国务院扶贫办、中华全国供销合作总社印发了《政府采购贫困地区农副产品实施方案》，规定“自 2020 年起，各级预算单位通过网络销售平台全面启动贫困地区农副产品采购工作”，通过以制度形式要求预算单位以政府采购方式购买贫困地区农副产品实施消费脱贫，财政安排给各级预算单位的一部分运行经费预算最终用到了贫困地区以支持农村脱贫。此外，目前几乎可以说是倾全国之力开展扶贫工作，比如各层级机关事业单位和国有企业都安排了定点帮扶任务参与到扶贫工作之中，各个行业都制订并实施了扶贫政策措施。无论参与范围还是投入力度都空前之大。另一方面减贫人数却在逐年减少，由 2011 年的 4329 万降至 2017 年的 1289 万。[①] 同时，就经济增长对减贫的拉动效应而言，按 1978 年不变价计算的万元 GDP 减贫人数，已经从 2011 年的 0.6 人降低到 2015 年的 0.34 人。[②]

国内部分学者很早就提出财政支农需关注投入领域、结构、层次等问题以提高财政资金使用效果。我国财政扶贫效果不够好，特别是存在着上述投向广、长期效果不稳固等问题，说明我们还没找准贫困的要害和财政扶贫投入的关键领域和措施。

4.3.3 人与就业因素的忽视

基于就业视角观察我国财政扶贫发展历程，我国财政扶贫的过程中，起初采取以直接补助为主的救济性扶贫，偏重资金投入，后来采取帮助贫困户发展短期见效快的农副业生产项目，以经济收益为直接目的，一直忽视了生产过程中人的潜力和决定作用，忽视了就业这一关键点，虽然目前也开始采用就业扶贫，但其政策含义主要局限在劳务输出和异地搬迁，对从根本上提高人口素质、增强劳动者就业能力、优化公共资源配置、扩张社会经

① 赖小妹，徐明．《中央扶贫资金投入的减贫效应与益贫机制研究》[J]．《统计与决策》，2018，34（24）：129－133.

② 元林君．《我国就业扶贫的实践成效、存在问题及对策探析》[J]．《现代管理科学》，2018（09）：109－111.

济发展的就业吸纳能力等深层次问题尚未给予足够重视，没有注意到全面提升就业对于脱贫的长期性、根本性作用。

4.4　本章小结

从本章分析可以看出，改革开放以来，伴随着经济体制的转变和人们思想观念的发展，我国财政扶贫在宏观路径上经历了从主要依靠政府，到政府与市场机制、经济发展相结合，再到更好发挥政府作用的转变；在这样的大背景下，财政扶贫政策与实践在探索中前进，经历着“政策—实践”的互动调整发展，政策的出台产生了成效，也暴露出了问题，甚至带来了一些问题，进而对下一轮政策提出了要求。我国财政扶贫取得了突出成绩，应当承认也存在着一些今后需要解决的问题，主要是提高投入产出效率，增强财政扶贫的长效性稳定性、避免返贫，以及进一步解决相对贫困问题。未来需要进一步抓住就业这一贫困的要害和牵一发而动全身的扶贫关键点。

第5章　制约我国农村脱贫的就业因素与相关财政因素分析

上一章对我国农村财政扶贫发展历程、当前成效与问题进行了分析，本章基于财政—就业—贫困传导机制，从就业角度对我国实践中制约农村脱贫、影响扶贫效果的因素进行分析。这些因素就其形成而言是多方面的，有些与财政资源配置、财政政策支持方向等有关，也有一些系其他方面因素而非财政原因所致，但是，不论其最初成因如何，并不妨碍财政通过“财政—就业—贫困传导机制”加以干预和治理——财政对经济的广泛调节作用正在于其本身作为资源配置手段对社会资源配置的纠正和干预。

应当承认，我国财政扶贫在总体上取得了巨大成就，我国仅用了几十年时间就解决了十几亿人口的温饱问题，绝对贫困人口明显下降，为世界所瞩目，我国的财政扶贫经验已成为世界研究的对象，但是，这并不妨碍我们对财政实践存在问题的研究。应当承认，我国劳动力就业问题、贫困问题是多方面原因形成的，包括自然环境、基础设施因素，产业结构、区域结构因素，还有历史因素等，但是，这并不影响我们聚焦财政，就财政存在的问题和财政扶贫应当关切的问题进行专门性的分析。

本章的逻辑是：依据财政—就业—贫困传导机制，考察实践中制约农村脱贫、影响扶贫效果的就业因素及其形成背后与之密切相关的财政因素，考察财政存在的问题，进而分析它们通过影响就业从而影响贫困的现实传递过程。

5.1　我国农村就业影响因素

要从就业视角观察影响我国农村贫困与脱贫的财政因素，从就业角度分析财政因素对我国农村贫困与脱贫的影响，需要首先对影响我国农村就业的因素加以分析，它构成了分析该问题的前提。

在第 3 章中，本书通过对劳动就业理论的分析，抽象出了影响就业的供给、需求和体制或传导三方面分析框架，在本节中我们运用这一框架，考察我国现实中的具体因素：理论上，对于一个成熟的市场经济国家而言，影响要素配置状态的因素主要取决于需求和供给两方面，但我国经济体制改革尚未完成，市场经济体制尚在建设之中，这使我国现阶段影响劳动力就业状况的因素，既有经典经济学研究的通常意义上的需求因素、供给因素，也存在经济体制改革尚不到位的体制或传导因素，这决定了我国就业和贫困问题比成熟市场经济国家更加复杂。本节基于此从需求、供给、体制或传导三方面，结合我国农村实际，分析现实中影响我国农村就业的具体因素。在需求方面，主要考察经济对农村劳动力就业的吸纳能力，即经济发展状况和发展方式是否提供了足够就业机会，主要是对宏观因素的分析；在供给方面，主要考察劳动力个人及家庭的就业能力、就业意愿等，即农村劳动力是否有能力就业、是否选择加入就业，主要是对微观因素的分析；在体制或传导方面，主要考察经济体制中是否存在阻碍需求向供给传导、供给向需求实现的障碍因素，即劳动力需求和供给之间的传导与适应是否畅通有效。

5.1.1 劳动力需求的影响因素

从经济学角度看，劳动力作为生产要素，社会对其需求是一种派生需求或称引致需求，这种派生需求受到经济增长、经济结构、城市化水平等社会经济状况的影响。

5.1.1.1 经济发展及产业结构状况

如前述，凯恩斯主义和奥肯定律都指出了就业与经济增长的密切关系。产业经济理论认为，不同产业的就业弹性是不同的，就业弹性是产业增长带来的就业增长，反映产业发展对就业的带动作用，在相同的发展速度下，就业弹性越大的产业，所能带来的就业岗位就越多，反之则越少。

本书认为，经济增长是就业增加的根本源泉，经济发展状况决定着经济可提供给劳动者的就业机会、可容纳的劳动力就业数量。经济越向好、发展速度越快、质量越高，对劳动力需求越大。产业部门是就业的物质载体，产业结构是影响劳动力就业的重要因素。随着经济发展，生产要素资源禀赋、技术状况等因素发生变化，要求产业结构逐步动态调整升级，内在相应要求就业结构不断调整变动与之适应。配第—克拉克定理指出，随着生产力的发展和第一、第二产业劳动生产率的提高，其生产相同数量甚至更多数量的产品不再需要原先那么多的投入，因此，资本和劳动力不断由第一产业向第二产业、进而向第三产业转移。

目前，我国经济发展存在很大的不平衡，欠发达地区产业发展落后，相应地，欠发达地区就业机会少。从三次产业结构上看，我国三次产业结构不尽合理，第三产业比重仍然较低。从表 5 – 1 可以看出，三次产业结构中第三产业比重逐渐上升，但目前刚刚超过 50%，而发达国家都在 60% 甚至 70% 以上，如英国 70.5%、法国 70.3%、荷兰 70.3%、美国 77.4%、新加坡 69.4%、日本 69.1%、加拿大 66.7%、澳大利亚 66.6%、意大利 66.1%、西班牙 65.9%。[①] 我国贫困问题集中的欠发达地区第三产业比重更低，见表 5 – 2，一些欠发达地区的产业处于起步阶段，产业发展落后，产业结构低下且不完整，主导产业为农业和初级加工业，其他产业基础薄弱、发展缓慢，吸纳农村劳动力就业的能力十分有限。

① 资料来源：《中国统计年鉴》（2019 年）引用位置：附录 1 – 6 国际主要社会经济指标 – 国内生产总值产业构成。

表 5 - 1　　我国三次产业增加值比重　　单位:%

年份	第一产业	第二产业	第三产业	合计
2001	14.00	44.80	41.20	100.00
2002	13.30	44.50	42.20	100.00
2003	12.30	45.60	42.00	100.00
2004	12.90	45.90	41.20	100.00
2005	11.60	47.00	41.30	100.00
2006	10.60	47.60	41.80	100.00
2007	10.30	46.90	42.90	100.00
2008	10.30	46.90	42.80	100.00
2009	9.80	45.90	44.30	100.00
2010	9.50	46.40	44.10	100.00
2011	9.40	46.40	44.20	100.00
2012	9.40	45.30	45.30	100.00
2013	9.30	44.00	46.70	100.00
2014	9.10	43.10	47.80	100.00
2015	8.80	40.90	50.20	100.00
2016	8.60	39.90	51.60	100.00
2017	7.90	40.50	51.60	100.00
2018	7.20	40.70	52.20	100.00

资料来源：《中国统计年鉴》（2019 年）引用位置：表 3 - 2 国内生产总值构成。

表 5 - 2　　我国部分欠发达地区第三产业增加值比重（2018 年）

地区	第三产业增加值比重（%）	地区	第三产业增加值比重（%）
安徽	45.10	贵州	46.50
江西	44.80	云南	47.10
河南	45.20	陕西	42.70
湖北	47.60	青海	47.10
广西	45.50	宁夏	47.90
福建	45.20	新疆	45.80

资料来源：《中国统计年鉴》（2019 年）引用位置：表 3 - 9 地区生产总值。

从产业的要素密集程度看，新中国成立后我国实际上一直在走资本密集型、技术密集型的路线，以发展重工业、高科技产业为主，对劳动密集型产业重视始终不够，这一技术路线选择使经济对就业的吸纳能力不够强。当然，这有一定的国际国内背景，近代中国脱胎于半殖民地半封建社会，人们深刻意识到落后就要挨打，因此迫切需要发展高端产业改变落后局面，使国家尽快富强起来。然而，我国还有一个现实国情是人口众多形成就业压力，因此，我们在发展资本密集型、技术密集型产业的同时，应当对国情予以充分考虑，不宜长期忽视劳动密集型产业在吸纳就业方面的重要作用。况且，当前受中美贸易摩擦升级影响，叠加要素成本不断上升，一些企业特别是劳动密集型加工制造企业加速向周边国家转移。随着产业向外转移，对就业的冲击可能沿着产业链逐步传导扩散。在这种情况下更应抓紧发展劳动密集型产业予以填补。

5.1.1.2　乡镇企业和小企业发展状况

农村劳动力就业大致有三种类型：本土农业就业、本土非农就业、异地非农就业。本土非农就业是农村劳动力就业的重要方式之一。乡镇企业具有区位便利优势、产业关联度优势、劳动者熟悉度优势：它与农村劳动力居住地的地理距离近，转移就业的经济成本和心理成本低；它的一些产品通常与农村劳动力原先从事的产业——农业关系密切，劳动者对产品的熟悉度相对较高，可以一定程度利用原有经验，技术经验跨度相对较小。乡镇企业的这些特性使其在本土非农就业中具有重要作用。从图 5－1 可以看出，在改革开放的前15年即1978～1993年，我国乡镇企业发展迅速，乡镇企业增加值增长很快，其中1987年、1992年、1993年分别达到62%、51%和79%，从业人员持续快速增加，年均增长达10%以上；1994年开始乡镇企业增长出现回落，吸纳劳动力年增长速度下降至2%左右并长期徘徊。

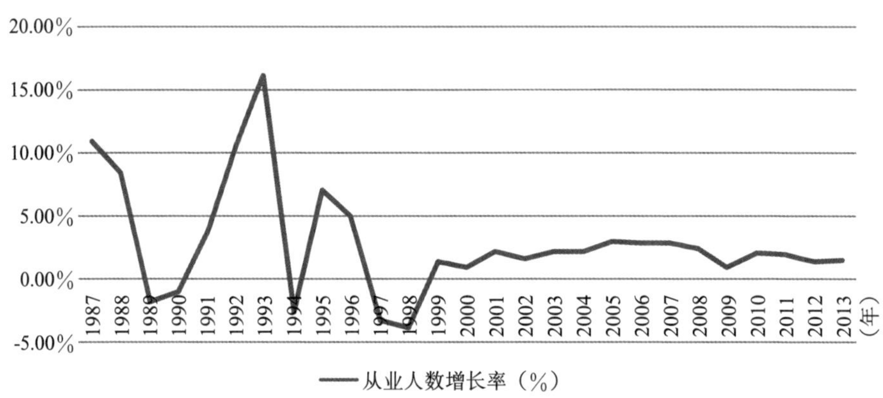

图5－1　乡镇企业从业人员年增长幅度

资料来源：根据《中国乡镇企业统计资料》（1978—2002年）、《中国乡镇企业年鉴》（1996—2006年）、《中国乡镇企业及农产品加工业年鉴》（2007—2012年）、《中国农产品加工业年鉴》（2013年）整理。2014年后不再出版此类年鉴，无统计资料。

乡镇企业近20年表现平常，未能充分发挥在发展农村经济吸纳就业方面应有的显著作用，究其原因，大致有以下因素：一是乡镇企业生产的商品多为低端廉价产品，未能适应市场发展和消费升级而相应变化；二是乡镇企业自身管理问题，乡镇企业普遍管理方式落后，没有采用现代化的企业治理结构，存在产权不清、权责不明、决策机制不合理等问题；三是资金短缺的制约，由于我国金融体制改革滞后，难以为通常是小微企业的乡镇企业主动提供灵活多样的融资，限制了乡镇企业发展。

在提供非农业就业容量方面，小企业具有不容忽视的独特而重要的作用。一般而言，在一国经济中，大企业和小企业是同时存在的，大企业数量较少，小企业为数众多。大企业与小企业在国民经济中扮演的角色、承担的功能不同，大企业不会成为容纳劳动力就业的主体，其作用在于体现综合技术水平、保障产业安全；为数众多的小企业是向社会提供就业的主体，其功能主要在于保障民生、增强经济活力、孕育发展潜力等。有学者对国外情况进行考察发现，英、德、日三国在各自的200人、500人和300人以下的中小企业中就业的劳动力分别达到其总劳动力的65%、71%和81%；美国在20世纪90年代新增的2200万劳动力，90%是在50人以下的小企业就业；日本1.25亿人口有650万个企业，其中99%是中小企业，平均10个劳动力拥有一个中小企业。[①] 中国改革开放以来，小企业在扩张就业方面发挥了巨大作用，近些年来，国家也非常重视小企业发展，2019年出台了《关于促进中小企业健康发展的指导意见》，提出了改善中小企业发展环境、解决中小企业实际问题的政策措施。但受多方面因素的影响，我国现实中仍然存在一些阻碍小企业发展的因素。一是我国行政管理部门受传统管理方式和思维的影响，存在较强的对发展大企业的路径偏好。二是小企业融资难问题仍然较为突出，我国金融市场不够健全，小企业融资渠道狭窄单一，银行是小企业贷款的主要来源，但银行出于避险考虑对小企业普遍存在惜贷现象，小企业发展面临瓶颈制约。三是目前我国仍存在着行政审

① 周天勇.《中国未来城镇就业问题及其出路》[J].《学习与探索》，2003(01)：72-78.

批、行政许可对市场准入的限制，在招投标政策方面存在着对企业规模的限制，以及我国小企业科技含量不高的现实状况，造成小企业的经营空间仍不充分，对市场的参与度不够。大力促进小企业进一步发展，必将带动就业更好发展。

5.1.1.3 城市化水平和小城镇发展状况

异地非农就业是农村劳动力就业的另一个重要方式，已如前述，刘易斯的二元经济条件下劳动力无限供给模型，认为传统农业部门剩余劳动力转移取决于城市现代部门的发展和现代部门的工资率，可见，异地非农就业的重要条件是城市的发展。事实上，城市之所以吸纳劳动力大量转移就业，其背后在于城市代表的是第二、第三产业的发展，因此，农村劳动力转移就业岗位受到所在地区城市化水平和进程的影响。

小城镇不但具有一定规模的第二、第三产业，而且无论在地理区位上，还是在主要产业上，小城镇都是连接大城市与乡村的桥梁，这种地位决定了其既容易受大城市的辐射，又与乡村实际情况具有天然的衔接，为乡村提供了符合其劳动力现实状况的有效就业需求，是我国农村发展的一个主要方向。

一个国家的城镇化发展水平可以用人口分布加以反映。为此，本书以 2019 年国家统计局公布的 1978 ~2018 年城镇人口占总人口比重为基础资料，计算了这一比重在大时间区间上实现的增幅，进而以年金法计算得出每一时期的环比年均增长幅度，结果发现，改革开放以来我国城镇化水平不断提高，但近几年速度有所放慢：1978 ~1990 年 12 年间，我国城镇人口占总人口比重年均增长3.29%；1990～2000年10年间，年均增长3.21%；2000年以后增速有所下降，年均增长2.81%，具体情况如表5－3所示。

表5－3　　我国城镇化发展速度

年份	城镇人口占总人口比重	区间增幅	年均增速
1978	17.90%	—	—
1990	26.40%	1978～1990年12年增幅47.49%	3.29%
2000	36.20%	1990～2000年10年增幅37.12%	3.21%
2018	59.60%	2001～2018年18年增幅64.64%	2.81%

根据《中国统计年鉴》（2019年）相关数据计算得出。基础资料来源："城镇人口占总人口比重"摘自表1－3国民经济和社会发展结构指标。

5.1.2　劳动力供给的影响因素

已如前述，贝克尔、哈夫曼效用最大化就业理论、斯塔克相对经济地位理论，从微观个体自身解释劳动力供给，包括个体选择偏好、就业能力等因素。对于我国农村劳动力就业而言，就业意愿是劳动力供给的前提，劳动力素质是否符合需求是就业意愿形成有效供给的关键。

5.1.2.1　人力资本状况

按照人力资本理论，人力资本是决定劳动力收入和就业的关键变量，人力资本投资包括教育支出、卫生保健支出等，其中最重要的是教育支出。张林秀等（2005）的研究证实，教育不仅决定农村劳动力能否获得非农就业机会，而且决定农村转移劳动力非农就业的稳定性，在经济萧条时期，受教育程度较高的农村转移劳动力能够较好地避免被解雇的风险。①

目前我国农村劳动力的文化素质普遍还比较低，且地区差异较大，形成了不利的劳动力供给因素。如图 5－2 示，根据第三次农业普查结果，我国农业劳动力中，小学以下文化程度占 43.4%，初中 48.4%，高中 7.1%，大专以上仅为 1.2%；同时，西部地区、东北地区与东部地区在劳动力受教育程度等就业能力方面存在重大差距，农业劳动力初中以上文化程度比重在东部地区为 62.20%，在西部地区仅有 46.50%，这在一定程度上反映出西部地区和东北地区贫困问题的根源。

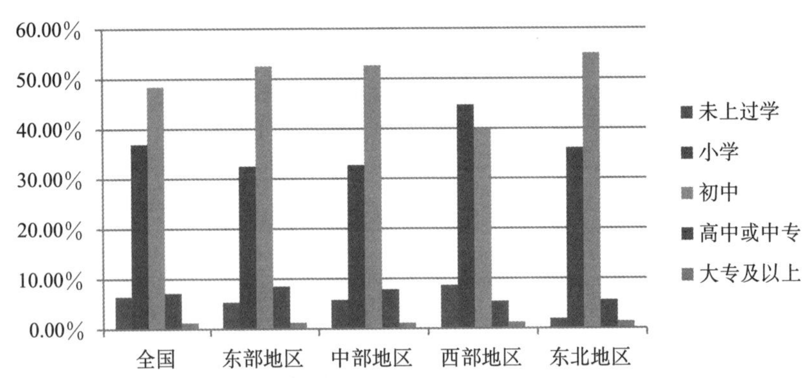

图 5－2　农业生产经营人员受教育程度地区分布图

根据中国国家统计局官网相关数据整理得出。基础资料来源：统计数据栏目－普查数据－第三次农业普查－表 5－2 农业生产经营人员结构。

我国农村劳动力的专业技能不强也是制约就业脱贫的重要人

① 张林秀，罗仁福，刘承芳，Scott Rezelle.《中国农村社区公共物品投资的决定因素分析》[J].《经济研究》，2005（11）.

力资本因素。目前我国有专业技能的劳动力为 1.7 亿 ~1.8 亿人，占就业人员总量的 22%，与德国、日本等制造业强国 40% ~ 80% 的比例还有不小差距。农村劳动力专业技能不足，使其劳动供给难以与市场需求有效衔接，影响了其就业机会与就业质量。

5.1.2.2　人口可视范围内的收入差距

已如前述，刘易斯认为传统农业部门剩余劳动力转移取决于城市现代部门的发展和现代部门的工资率，我们可以推断，他认为劳动力流动主要受到收入差异的诱导。此后斯塔克利用相对经济地位变化进一步丰富了解释农村劳动力人口迁移的理论，他认为单纯工资率差异或收入差异不足以解释劳动力流动和人口迁移现象，劳动力流动和人口迁移对一个家庭来说，不仅是为了增加收入，还是为了降低风险和摆脱束缚，同时还在于改善他们的相对经济地位，认为一个社区内收入分配越是不平均，人们对相对贫困的感觉越强烈，个人和家庭迁移的欲望就越热切。

我国小生态环境中的收入分配过于平均，降低了劳动者对就业收益的评价，影响就业动力。我国行业间、地区间收入分配差距在世界范围内靠前，但欠发达地区人口并未被有效诱导，究其原因，是在小生态环境中，即农民个体生活的小圈子中，收入分配过于平均，超出了贫困人口的可视范围或者说潜在比较范围，因而对当事人不构成激励。因此，本书认为应将斯塔克理论予以进一步修正，将其提出的收入差距引导就业，修正为人口可视范围内的收入差距引导就业。这暗示着让更多贫困人口接受教育、开阔眼界的重要性。

5.1.2.3 就业岗位所在地的距离远近

农村劳动力是否选择就业，也即其个人或家庭就业意愿，取决于个人和家庭对就业收益与就业成本的评价。从微观层面看，就业岗位所在地与劳动者家庭之间的地理距离影响劳动者的就业成本，是劳动者就业意愿的重要影响因素。距离越远，则劳动者需要付出的经济成本、时间成本、体力成本越大，就业意愿相应降低，劳动者对劳动报酬的期望会相应增加。距离远近不只是地理概念，还与心理感受有很大关系，环境越陌生，劳动力心理压力越大，感受的距离就越远，感知的不确定性和风险越大。而我国的城市资源配置过于集中，分布的均衡性程度较低，目前的发展主要集中在东部地区和省会城市，距离贫困程度较高的中西部地区的农村较远。从这个角度来说，均衡配置城市资源，发展与乡村毗邻的小城镇，具有特别重要的意义。交通的便利化和交通费用下降在一定程度上可以缩短距离。

5.1.2.4 劳动力非就业状态固化程度与思维

在我国一些欠发达地区，农村处于封闭状态，人们的思想观念落后，世代沿袭着传统的生活习惯和思想意识，很少与外界交流。在这种状况下劳动力如果处于非就业状态时间过长，只会限制眼界，进一步固化思维和心理，更加难以适应外部社会，非就业状态进一步被固化下来，形成贫困与非就业的恶性循环。就业能够开阔视野，接触产业思维和现代化生活方式，突破封闭思维和心理，增强思维的开放性和包容性，这有助于打破固化的非就业状态，从而在长期上增进就业，也有助于给较为封闭的乡村社会注入新鲜内容，促进社会整体文明程度的提高。

5.1.3　阻碍劳动力供求实现的体制或传导因素

5.1.3.1　行政性壁垒

（1）行政性壁垒限制了劳动力自由流动，阻碍供给对需求的实现。

在充分竞争的劳动力市场中，劳动力在行业间、地区间的配置由劳动力市场供求关系所引导。

但是，中国的劳动力缺乏流动性。这是由于我国尚处于经济体制转轨时期，传统体制遗留的阻碍劳动力等要素自由流动的行政性壁垒、制度障碍仍然存在，社会经济环境中仍有许多不利于农村劳动力就业的制度性因素，特别是户籍管理制度，限制了劳动力的自由流动与优化配置，一方面使空缺的就业岗位不能被劳动力供给及时填补，另一方面使大量剩余的农村劳动力处于潜在失业的状态。这一情况也表明，我国经济体制改革尚未完成，建立全国统一的开放、竞争、有序的市场经济体制仍然任重道远。

200 多年以前的欧洲也曾经面临相同的问题。诚如亚当·斯密在《国富论》中指出："欧洲的政策，由于不让事物有完全的自由，也引起了其他更为重要的不平等……第一，限制某种行业中的竞争，使从业的人数比不加限制时将要进入这种行业的人数少；第二，在其他行业中，使从业的人数增加到超过自然而然地会进入这种行业的人数；第三，阻止劳动和资本从一个行业到另一个行业，从一个地点到另一个地点的自由流通……学徒法律阻碍劳动从一种职业向另一种职业自由流通，甚至在同一地方也是如此……如果没有这些荒谬的法律从中作梗，工人们是很容易相互改变行业的”。[①]“所有偏重或限制的体系被完全取消以后，明显的和简单的天然自由体系，就自行建立起来了。”[②]

限制农村劳动力就业途径的还有传统的简单化的城市管理方式。近10年来我国城镇登记失业人口持续增加，从2009年的921万人增加到2018年的974万人[③]，在这种情况下一些地方政府将排斥外地农民工在当地城市就业作为反失业的一项主要政策措施加以实施，来自外省区的农民工是首先遭受这一政策打击的对象，跨省转移比例随之下降，欠发达地区人口通过劳动增加收入摆脱贫困的渠道在收缩。

（2）行政性壁垒缩小了产业发展空间，减少了对劳动力的需求。

行政性壁垒不但阻碍了劳动力的自由流动，影响了其优化配置，而且限制了产业发展，降低了全社会的劳动力吸纳水平。我国第三产业发展不充分不是孤立存在的，而是有其深刻的经济体制原因的。

---

① 亚当·斯密.《国富论》[M]. 杨敬年译，西安：陕西人民出版社，2001第1版：150－168.

② 亚当·斯密.《国富论》[M]. 杨敬年译，西安：陕西人民出版社，2001第1版：753.

③ 资料来源：国家统计局“国家数据”网站 引用位置：年度数据－就业人员和工资－城镇登记失业人员及失业率.

按照配第—克拉克定理和刘易斯的二元理论，我国经过 40 多年改革开放，劳动生产率空前提高，客观上已达到了向第三产业大量转移劳动力的阶段；生产和人民生活显著改善，客观上对为生产生活服务的第三产业供给数量和质量提出了更多更高的需求，迫切需要金融服务、信息通信等能够相应发展，需要它们提供更大量、更丰富多样的产品和服务。但是，由于第三产业中的不少行业如通信、交通、金融等存在着行政性壁垒，造成第三产业发展不充分，使这些产业提供的就业岗位受限，从而全社会劳动力吸纳能力未达应有水平，限制了就业脱贫。

5.1.3.2　包产到户制度形成的农村分散就业

毋庸置疑，包产到户制度在改革开放初期极大地促进了农民的生产积极性，推动了农业生产，并为所有制等制度创新开创了历史意义的先河，不愧为时代壮举。但是，在改革开放 40 多年之后，这一制度的优越性逐渐丧失，弊端或负面影响逐渐突出，主要有以下两方面。

（1）限制了农业就业质量。

包产到户制度使得耕地分割，每户一小块土地，限制了大型机器设备的投入使用，抑制了农业向产业化生产方式的发展，限制了农业产业化、科技化，不利于农业劳动生产率的进一步提高和农业就业收入的增加，不利于农业劳动力摆脱相对贫困。

（2）限制了转移就业数量。

在生存条件上、心理上，由于包产到户制度给农民提供了不上不下的基本生存保障，使得农民不舍得离开仅能带来微薄收入却是基本保障的那一小块土地，所谓故土难离，失去了许多转移就业获得更高收入的机会。与20世纪末城市下岗工人的处境并无不同，农民要想富裕，就必须要有壮士断腕的决心。

5.1.3.3 就业信息服务体系不完善

目前，商业化的就业中介机构质量不佳、信誉不好，有关部门对中介机构行为监管不力，对于农村劳动力而言，通过商业化中介机构联系就业充满各种风险，包括财产损失风险甚至人身风险。农村劳动力异地就业目前仍然主要依靠亲友介绍。在中介市场发育不足以满足需求的情况下，许多地方政府又没有建立起有效的就业信息服务体系，一方面，县、乡、村三级具有管理和指导农村发展职能的组织和机构基本没有承担起为农村劳动力提供充分而准确就业信息服务的义务，另一方面，城镇作为容纳农村劳动力转移就业的主要区域，把注意力集中在本地户籍人口的就业服务上，对流入人口就业的关注远远不够，甚至持负面态度。这种在提供必要就业信息服务作为公共产品以弥补市场失灵方面的职能缺失，使农村劳动力异地就业受到影响，未能实现最大化、最优化。

5.2 财政因素对农村就业的影响

造成上述情况的原因是多方面的，既有财政方面的因素，也有与财政无关的因素，本节主要分析来自财政方面的因素。

5.2.1　公共产品因素：公共产品供给不足与结构失衡

用公共产品理论观察财政对就业的影响，劳动力素质、就业能力、就业机会等很大程度上是由财政向社会公众提供的教育、医疗等公共产品形成的，是公共产品消费形成的产出。财政在提高劳动力素质、增进就业能力与就业机会领域的公共产品方面供给不足、结构失衡，一些公共产品与市场需求脱节，没有发挥应有效果，是制约我国农村劳动力就业的重要因素。

5.2.1.1　教育公共产品供给不足

劳动者素质的提高是通过教育来实现的，从某种意义上讲，劳动者素质和就业能力是由国家的教育投入形成的，是教育投入的函数和反映。教育公共产品投入不足与配置不均衡，造成我国农村劳动力的文化素质普遍偏低的状况，影响其就业能力和就业质量。

（1）我国中央财政扶贫资金中用于教育方面的投入占比在10%以下（见第 4 章图 4－2），在各项支出中不突出，远远低于以帮助贫困户增加经济收益为直接目的的农副产品生产项目投入。从世界主要国家来看，各国都非常重视财政对教育的投入。公共财政教育支出占 GDP 比例，经合组织国家平均水平为4.79%，欧盟 22 国平均值为 4.75%，以各国比值大小进行排序，比值在7%以上的国家有挪威、丹麦，比值在5% ~6%的有芬兰、冰岛、瑞典、比利时、新西兰，紧随其后是巴西、英国、爱尔兰、荷兰和奥地利，比值在4.5% ~5.0%的有阿根廷、美国、法国、瑞士、葡萄牙、以色列、澳大利亚、土耳其、加拿大、墨西哥和斯洛文尼亚。[①] 我国在21世纪第一个10年公共财政教育支出占GDP比例低于4%，目前虽有提高，按大口径计算的“国家财政性教育经费”（除一般公共预算支出中的教育支出外，还包含政府性基金用于教育的支出、企业办学中的企业拨款、校办产业和社会服务收入用于教育的经费等）超过4%，但公共财政教育支出占GDP比例一直在4%以下波动，见表5-4。

（2）除投入不足外，教育公共产品还存在着比较严重的配置不均衡、教育机会不平等问题。虽然我国已经普及了九年制义务教育，但是，农村地区的教育质量与城市地区有较大差距，不论是初等教育还是中等教育阶段，农村学校的教育设施、师资力量，在数量和质量上都普遍不如城市，农村地区教育经费投入不足，农民能获得的教育较少。并且，不同地区之间的教育资源分布差异大。由此，农村人口对教育资源的占有落后于城市，欠发达地区落后于经济相对发达地区。例如，根据《中国统计年鉴》（2019年）相关数据计算，2018年内蒙古共有初中691所，乡村教师仅占全部专任教师的6.72%；而人口与内蒙古相近、紧邻内蒙古的吉林省拥有初中1175所，是内蒙古的1.7倍，乡村教师

① 陈纯槿，郅庭瑾.《世界主要国家教育经费投入规模与配置结构》[J].《中国高教研究》，2017（11）：77-105.

表 5－4　一般公共预算教育支出占 GDP 比重

全国财政决算	2012 年	2013 年	2014 年	2015 年	2016 年	2017 年	2018 年
一般公共预算支出（亿元）	125952.97	140212.10	151785.56	175877.77	187755.21	203085.49	220906.00
其中：教育支出（亿元）	21242.10	22001.76	23041.71	26271.88	28072.78	30153.18	32222.00
GDP（亿元）	538580.00	592963.20	641280.60	685992.90	740060.80	820754.30	900309.50
教育支出占一般公共预算支出比重（%）	16.87	15.69	15.18	14.94	14.95	14.85	14.59
教育支出占 GDP 比重（%）	3.94	3.71	3.59	3.83	3.79	3.67	3.58

根据财政部官网和《中国统计年鉴》（2019 年）相关数据计算得出。基础资料来源："一般公共预算支出""教育支出"摘自中国财政部官网－财政数据栏目－全国财政决算（2012—2018），GDP 摘自《中国统计年鉴》（2019 年）表 3－1 国内生产总值。

占全部专任教师的20.56%，是内蒙古的3倍。[①]

5.2.1.2 技术培训公共产品供给不足

就专业技术培训的特征而言，专业技术培训是一项具有鲜明目的性的公共产品，目的在于帮助劳动者有方向性地提高劳动技能和就业能力，对接就业需求。目前我国农村专业技术培训类公共产品至少存在以下问题：（1）投入不足，重视不够。2019年中央财政专项扶贫资金1260.95亿元，没有单独设置对农村劳动力的培训支出项目。专业技术培训在提高劳动力技能、帮助劳动力增强未来就业能力方面的促进作用不够，专业技术培训的真正效果打了折扣。（2）培训内容缺乏与劳动力市场需求的对接，对就业需求关注不够。地方政府缺乏深入的前期调研，既没有对劳动力市场岗位技能需求进行广泛调研，也缺乏对培训对象自主培训需求的深入调研，没有给予农民选择课程的权力，没有与农民个体情况和兴趣爱好结合因此培训达不到预期效果。（3）基层落实过程中带有较为强烈的完成任务性质，采用的培训方式实质效果有限。绝大多数地方政府采用政府点单的培训模式，将事先制作好的若干课程以命令方式布置给农民集中统一学习。一些地方政府侧重任务完成，建档记录培训人数天数，这种做法反过来影响了贫困农民积极性，使其产生培训是帮村里、乡里完成任务的消极想法，没有真正从提高劳动技能和自身就业能力的角度来认识问题，缺少参加培训的自觉性。（4）培训对象上，因受时间空

① 资料来源：《中国统计年鉴》（2019年）引用位置：表21－18分地区初中情况。

间制约，除就业吸纳附带的上岗培训外，技能培训主要覆盖农村的留守人口，外出务工人员较难享受，所以效果和有用性进一步衰减。（5）培训效果上地方政府协作扶贫中的岗位安置培训难以达到增强劳动者就业能力的效果。当前相对发达地区对欠发达地区提供就业吸纳附带的短期临时性上岗培训，培训时间短，且仅针对具体岗位，普适性弱，不能通过培训提高劳动力素质以增强其日后获得就业机会的能力。这类培训都是属于贝克尔所说的“特殊培训”即“对提供培训的企业之外的其他企业的生产率没有显著影响的培训”，而非“一般培训”。一旦安置企业经营状况不好而关闭，则被安置劳动力很可能由于未从根本上通过教育培训获得劳动能力的提升而再次失业陷入贫困。

5.2.1.3 城镇基础设施公共产品供给不足

我国大城市规模巨大，小城镇发展不足，呈现大城市、大农村的二元结构，这很大程度上是由长期以来我国公共基础设施投资结构严重失衡造成的。我国计划经济体制下，长期将少数资源集中配置在少数重点地区和领域，造成地区结构、产业结构发展不平衡。统计资料显示，2017年全国城市市政公用设施建设固定资产投资19327.61亿元，其中4个直辖市3031.24亿元，占全国的16%，直辖市和省会（首府）城市10084.34亿元，超过全国的一半达到52%；省内情况也是如此，青海省会西宁、湖北省会武汉、陕西省会西安、甘肃省会兰州、黑龙江省会哈尔滨分别达到各自全省市政公用设施建设固定资产投资的81%、77%、

71%、70%和62%。[①] 如果说投资具有年度波动性，那么维护费用则具有稳定性，该年鉴披露的2016年城市维护建设资金数据显示，全国支出13832.65亿元，其中4个直辖市2417.10亿元，占全国的17%，直辖市和省会（首府）城市6924.98亿元，占全国的50%；省内情况也是如此，青海省会西宁、陕西省会西安、四川省会成都、安徽省会合肥、山西省会太原分别达到各自全省城市维护建设资金支出的85%、72%、70%、69%和57%。[②] 在既成的失衡格局下，资源聚集效应迅速加剧了发展不平衡。我国人均GDP处于世界中等水平，整体上仍属于发展中国家，但却塑造了北京、上海几个国际化超大城市，同时小城镇发展滞后，就业吸纳力普遍偏低。财政在公共基础设施投资结构上的这种失衡，实际上抑制了小城镇的发展，影响了经济整体的就业吸纳水平。

5.2.1.4 信息服务体系欠缺阻碍供求实现

为劳动力就业提供信息服务，是连接劳动力供给与需求的重要桥梁。从表5-5可以看出，目前我国失业人员寻找工作的方式中，“委托亲友找工作”以46.7%的比例远高于其他方式，且该方式与“受教育程度”表现出明显的负相关性。我国受教育程度不高的农村劳动力主要采用这种方式。

---

① 根据《中国省市经济发展年鉴》（2019年）整理计算得出。基础资料来源：表8-16城市市政公用设施建设固定资产投资额。

② 根据《中国省市经济发展年鉴》（2019年）整理计算得出。基础资料来源：表8-15城市维护建设资金支出（财政性资金）。

表 5－5　　失业人员寻找工作方式　　单位:%

受教育程度	在职业介绍机构登记	委托亲友找工作	直接与单位和雇主联系	应答或刊登广告	浏览招聘广告	参加招聘会	为自己经营做准备	其他	合计
合计	5.80	46.70	6.80	0.60	13.50	7.30	5.80	13.50	100.00
未上过学	0.50	61.40	6.70	0.80	6.50	0.10	2.90	21.10	100.00
小学	2.50	58.40	7.40	0.50	6.20	1.50	4.90	18.70	100.00
初中	4.10	55.70	7.00	0.50	8.90	2.30	5.80	15.80	100.00
高中	5.10	50.50	6.60	0.50	13.50	4.60	5.70	13.60	100.00
中等职业教育	7.50	41.60	8.30	0.60	17.00	7.20	6.80	11.10	100.00
高等职业教育	10.70	38.70	7.10	0.80	16.60	7.10	7.40	11.70	100.00
大学专科	8.60	34.60	5.30	1.10	20.20	14.40	6.20	9.50	100.00
大学本科	8.30	24.40	7.50	0.90	20.60	23.10	4.80	10.40	100.00
研究生	13.80	7.80	3.50		23.20	33.90	8.10	9.70	100.00

资料来源：《中国人力资源和社会保障年鉴（工作卷）2017》引用位置：表 3－41 城镇按受教育程度、性别分的失业人员寻找工作方式构成。

在现阶段，劳动力市场不发达，劳动力转移就业主要依靠“委托亲友找工作”方式，这说明为农村劳动力就业提供免费的信息服务尤为重要。目前我国虽然已初步建立起了直接到行政村的管理和服务体系，但地方政府尤其是乡镇社保所等负责就业信息收集发布的单位，人员配备严重不足，工作人员往往身兼数职，且自身文化程度和信息技术水平普遍不高，在信息收集的广泛性、及时性、有效性上都无法满足需求。地方政府对就业服务的重视程度尚有欠缺，针对农村劳动力提供的就业信息服务公共产品，在频度上不足，在针对性上不强；信息来源范围和发布范围不够广泛，不同地方政府之间也存在信息壁垒，远远不能适应引导贫困人口转移就业的需要。

5.2.2 财政政策因素：产业扶持政策偏离扶贫目标

主要是财政在促进农村劳动力就业的产业发展政策方面尚不到位。

我国目前财政政策支持主要针对高新技术企业，对劳动密集型产业扶持力度不够，在创造就业机会方面，尚未充分发挥作用。例如，我国增值税税收优惠政策只有针对高新技术企业的税收优惠，而没有针对劳动密集型企业的税收优惠。在政策实施上也存在许多不畅通的因素，影响政策效果的发挥。例如，各地规定对于积极吸纳贫困人口就业的企业可给予不同金额的一次性补贴，一般为500元/人~2000元/人不等，但前提条件是需要实现稳定就业6个月以上，企业并不能及时收到补贴，影响吸纳积极性。再如，小额贴息贷款政策要求申请人提供担保或抵押，这将没有稳定工作和社会关系的贫困劳动力排斥在外。再者，大学生、返乡农民工创业同样面临融资难、手续复杂、程序繁多等问题，这弱化了创业带动就业的作用。另外，优惠政策的实施对象基本都限定为本地户籍人口，这就使得外出务工的农村贫困劳动力很难享受到务工所在地的就业岗位补贴、社会保险补贴、创业优惠等帮扶政策。此外，当前被广泛采用的一种促进贫困人口就业措施是地方政府间帮扶吸纳就业，通常由上级政府协调辖区内一个相对发达地区和一个欠发达地区，由相对发达地区协调本地企业为欠发达地区提供一定数量的就业岗位，吸纳其一部分劳动力。这种行政手段色彩比较浓厚的结对帮扶措施，虽然在短期内可能解决贫困地区迅速脱贫、完成任务的燃眉之急，但是被安置劳动者所得到的岗位只是别人失去的岗位，相当于把一部分岗位转让给贫困人口，不同于扩张性财政政策增加经济容量和全社会就业岗位总量，其对全国范围而言并没有新增就业岗位，无法达到以就业促进扶贫的目的和效果。这些问题，影响了我国经济对劳动力吸纳能力的充分发挥，影响了就业数量。

5.2.3　财政体制因素：财政管理体制均衡功能不完备

主要是推动均衡发展与促进就业的财政管理体制尚需构建。

事实上，公共产品数量不足与结构失衡、促进就业的财政政策缺失，背后存在着深层次体制原因：（1）这与我国财政体制不完备，地区间横向转移支付制度缺失有关。发达国家如德国建立了横向转移支付制度，对于均衡地区间发展差异提供了资金资源保障。目前我国转移支付制度仅有纵向转移支付，尚未建立横向转移支付体系。（2）这与传统上我国财政主要是生产建设性财政，向公共财政转型缓慢，对公共产品没有制定全国基本保障标准有关。我国财政传统上是生产建设性财政，一方面，对公共产品的重视不够，相应地，财政对公共产品的投入以及向社会提供的公共产品不足；另一方面，近些年虽然向公共财政转型，但进展较为缓慢，未及制定各类公共产品全国基本保障标准，相应地，不利于纠正结构失衡。(3) 这与新中国成立后长期以来计划经济体制下，政府资源的非均衡性配置有关，公共资源、公共支出过度向少数地区、少数产业集中配置，造成大城市大农村的不平衡结构。事实上，结构失衡是任何一种政府主导型资源配置方式都存在的共性问题。此后我们在这种既定的不平衡经济结构下发展市场经济，资源的聚集效应迅速加剧了不平衡状态。(4) 公共产品、公共资源配置的背后有行政管理体制因素。一是功利主义的政绩考评制度，是造成公共产品短期化、形象化的行政体制根源。我国公共产品供给重形象、重短期效果，忽视提升潜力和基础的情况，反映出我国行政管理体制中具有较强的功利主义制度安排。二是基本公共产品地区间保障水平的巨大差别以及尚未制定公共产品全国基本保障标准的现实状况，反映出我国中央政府与地方政府之间事权模糊不清、职能定位不准等行政管理体制存在的问题。

此外，我国现行财政管理制度中还存在一些不利于劳动力自由流动、平等就业的因素，一定程度上形成了不佳的就业环境，亦应进行调整：(1) 社会保障制度在各地尚未最终打通。以劳动力异地就业经常涉及的医疗保险为例，目前住院报销基本实现了异地结付，但是门诊报销尚未实现互联，仍需返回户籍所在地报销，然而门诊正是多数异地就业劳动力的主要医疗方式。且农村劳动力由于收入不高，往往不愿占压自己的现金，很大程度影响了异地就业积极性，从而在宏观上影响了劳动力资源的流动配置。(2) 我国税收制度中，中央地方共享税过多、所得税注册地纳税的制度安排，一定程度上加剧了地区行政性壁垒，不利于要素资源的自由流动与配置，不利于劳动力通过转移就业实现充分就业。

5.3　农村就业状况向贫困的传导

由于包括上述财政因素在内的多种因素的影响，我国农村就业状况虽然在改善，但这一改善势必需要一个历史的过程。从就业数量、就业质量、就业环境三个维度加以考察，我国农村劳动力就业仍然存在数量不充分、质量不高、环境不利情况，导致失业人员无收入、就业人员收入不高，形成绝对贫困和相对贫困的状况。

5.3.1　就业数量不充分导致贫困

在就业数量上，中国农村劳动力就业仍不够充分。长久以来，由于认为农村居民有土地就不存在失业的情况，使得我国仅有城镇登记失业率而没有农村失业率的统计。从 2018 年起在工作实务中开始试用“调查失业率”（根据抽样调查结果推断的全国失业率）替代“城镇登记失业率”，但目前尚处于尝试阶段，统计部门公布资料仍沿用“城镇登记失业率”。对我国农业剩余劳动力数量，人们的估计不同，从几百万人到上亿人，差别较大，如韩乃辉（2012）根据我国2010年劳均耕地面积测算出农业剩余劳动力约为1.6亿人，[①] 张兴华（2013）估算2011年农业剩余劳动力为852万人，[②] 而赵卫军、焦斌龙、韩媛媛（2018）估算2011年农业剩余劳动力为1.12亿人、2018年为1.11亿人。[③] 事实上，在采用劳动时间法估算农业剩余劳动力数量的情况下，对农民年合理劳动时间的判断差异很大程度上影响着估算结果差异。就农业剩余劳动力增量而言，从实际工作看，如果我们每年不能在全国安置解决300万农民转移就业，就会感受到比较大的就业压力，故根据经验数据近似判断，由于农业技术进步、农村适龄人口增加等多方面因素，我国农业剩余劳动力的目前年增量约为300万人，为此，今后一段时间我国每年计划解决300万农业剩余劳动力转移就业。[④] 就农业剩余劳动力存量而言，本书以2019年国家统计局公布的2018年三次产业增加值和劳动力人数为基础资料，计算了三次产业增加值份额和三次产业劳动力份额。将各产业的增加值份额与其劳动力份额进行比对，结果表明，我国国民经济中第一产业劳动力份额与增加值份额偏离程度大，在国内生产总值中比重仅占7.9%的农业部门所容纳的劳

---

① 韩乃辉.《基于现代农业的农业剩余劳动力数量及其城镇化水平测算》[D].西安：西北大学，2012.

② 张兴华.《中国农村剩余劳动力的重新估算》[J].《中国农村经济》，2013（8）：49-55.

③ 赵卫军，焦斌龙，韩媛媛.《1984~2050年中国农村剩余劳动力存量估算和预测》[J].《人口研究》，2018（42-2）：54-69.

④《总理座谈会加大稳企稳岗力度持续发力稳就业》[EB/OL].中国政府网（中国中央政府官网）/新闻 http://www.gov.cn/xinwen/2019-08/20/content_5422778.htm.

动力占社会劳动力总量的27%，说明农业部门仍然存在一定规模的剩余劳动力，具体情况如表5-6、图5-3所示。

表5-6　我国三次产业增加值份额与劳动力份额比（2018年）

指标		第一产业	第二产业	第三产业	合计
		(1)	(2)	(3)	(4)=(1)+(2)+(3)
增加值（亿元）	(5)	64734.00	366000.90	469574.60	900309.50
增加值份额（%）	(6)=(5)/(4)	7.20	40.70	52.20	100.00
劳动力（万人）	(7)	20258.00	21390.00	35838.00	77586.00
劳动力份额（%）	(8)=(7)/(4)	26.10	27.60	46.30	100.00
增加值份额与劳动力份额比	(9)=(6)/(8)	0.28	1.47	1.13	1

根据《中国统计年鉴》（2019年）相关数据计算得出。基础资料来源："增加值"和"增加值份额"摘自表3-1国内生产总值、表3-2国内生产总值构成；"劳动力"和"劳动力份额"摘自表4-2按三次产业分就业人员数（年底数）。

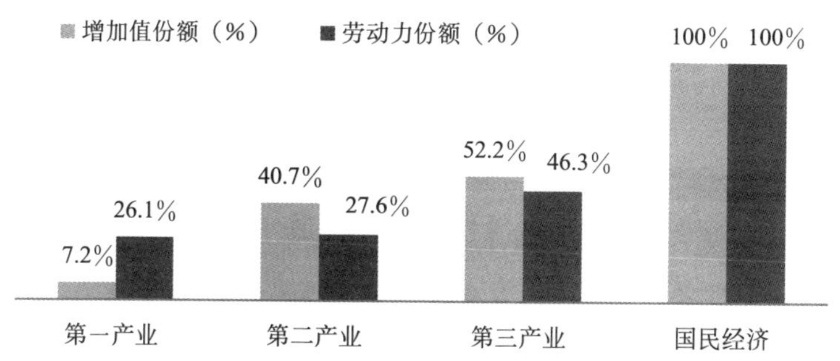

图5-3　我国三次产业增加值份额与劳动力份额偏离度

进而，本书采用国际比较法尝试对我国农业剩余劳动力进行估算。

I. 假设。(1)根据配第—克拉克定理和刘易斯、费景汉、拉尼斯等人的劳动力转移理论，第一产业劳动力数量随一国经济发展水平的提升而向第二、第三产业转移，为此，相应假设第一产业劳动力在总劳动力中所占比重与该国人均GDP存在一定的数量经济关系，同时，假定二者之间并非保持恒定匀速的线性关系，而是随着人均GDP水平的变化而改变。(2)假定众多国家的数据可以稀释二者关系中的偶然性、非合理性因素，可以反映第一产业劳动力比重与人均GDP之间的一般关系。

II. 模型。根据以上假设，建立非线性模型如下：

$$Y = AX^{B} \tag{5.1}$$

其中：Y：第一产业劳动力在三次产业中所占比重

X：人均GDP

A、B：为非线性模型的系数

III. 数据。收集2018年各国第一产业劳动力比重和人均GDP数据，样本量=39。详见表5-7：

表5-7　国际第一产业劳动力比重及人均GDP资料表

	国家	第一产业劳动力比重（%）	人均GDP（万美元）		国家	第一产业劳动力比重（%）	人均GDP（万美元）
1	新西兰	6.2	4.1966	21	尼日利亚	36.6	0.2028
2	孟加拉国	40.2	0.1698	22	南非	5.2	0.634
3	文莱	1.3	3.1628	23	加拿大	1.5	4.6125
4	柬埔寨	30.4	0.1512	24	墨西哥	13.0	0.9698
5	印度	43.9	0.2016	25	美国	1.4	6.2641
6	印度尼西亚	30.5	0.3894	26	阿根廷	0.1	1.1653
7	以色列	1	4.1614	27	巴西	9.4	0.8921

续表

	国家	第一产业劳动力比重（%）	人均 GDP（万美元）		国家	第一产业劳动力比重（%）	人均 GDP（万美元）
8	日本	3.4	3.9287	28	捷克	2.8	2.2973
9	哈萨克斯坦	15.0	0.9331	29	法国	2.6	4.1464
10	韩国	4.7	3.1363	30	德国	1.3	4.8196
11	老挝	68.0	0.2568	31	意大利	3.8	3.4318
12	马来西亚	11.1	1.1239	32	荷兰	2.2	5.2978
13	蒙古	28.7	0.4104	33	波兰	10.1	1.5424
14	巴基斯坦	41.7	0.1473	34	俄罗斯	5.8	1.1289
15	菲律宾	25.2	0.3103	35	西班牙	4.3	3.0524
16	新加坡	0.5	6.4582	36	土耳其	19.2	0.9311
17	斯里兰卡	25.9	0.4102	37	乌克兰	15.3	0.3095
18	泰国	30.7	0.7274	38	英国	1.1	4.2491
19	越南	39.8	0.2564	39	澳大利亚	2.6	5.7305
20	埃及	24.9	0.2549				

资料来源：《中国统计年鉴》（2019 年）引用位置：附录 1－2 国际主要社会经济指标－按三次产业分就业人员构成、附录 1－5 国际主要社会经济指标－人均国内生产总值。

Ⅳ. 计算。对式（5.1）进行对数变换有：

$$LnY = Ln(AX^B) = LnA + BLnX$$

令：$LnY = Z$，$LnX = R$，则有：

$$Z = LnA + BR \quad (5.2)$$

以 OLS 法计算得到：

$$\hat{Z} = 2.085 - 0.974R \quad (5.3)$$

（14.750）（8.579）

由于 $t_{0.001/2,39-2} = 3.580$，故以 99.95% 的可靠程度通过参数

显著性检验。

将上式还原为 Y 与 X 的函数关系式为：

$$\hat{Y} = e^{2.085 - 0.974 lnX} \quad (5.4)$$

把 2018 年我国人均 GDP 数值 0.9771 万美元代入式（5.4）计算得到我国第一产业劳动力的理论比重为 8.23%，低于我国第一产业劳动力实际比重 17.87 个百分点。按照国家统计局公布的全社会劳动力总数 7.7586 亿人计算，我国农业剩余劳动力为 1.3864 亿人。

农业部门存在剩余劳动力，说明农村存在着隐性失业和不充分就业人口。劳动力滞留于传统农业部门，一部分劳动力处于不充分就业或隐性失业的状态，获得的报酬十分有限，生活窘迫，处于贫困边缘。根据国家统计局统计数据，农业部门的劳动力报酬在各行业中一直处于最低水平，2003 年平均工资 6884 元，为当年各行业平均工资 13969 元的 49.3%，最新数据 2018 年农业平均工资 36466 元，为当年各行业平均工资 82413 元的 44.25%，① 其相对收入不升反降。2018 年农村居民人均可支配收入 14617 元，仅为城镇居民人均可支配收入 39250.8 元的 37.24%。

山东省的一份随机抽样调查数据也反映了农村劳动力隐性失业和不充分就业形成相对贫困的现实情况。在对山东省的 17 个市（地）、119 个县（市、区）、321 个乡镇、527 个村进行入户调查，最后得到的 1161 个农村劳动力有效样本中，完全从事农业生产人

① 资料来源：国家统计局“国家数据”网站 引用位置：年度数据 - 就业人员和工资 - 按行业分城镇单位就业人员平均工资。

口仅占 30.5%，其余人口都是亦工亦农，多种经营，甚至全年外出打工；但务工时间在 9 个月以上的仅占 34.8%；人群整体收入水平低，月收入在 2000 元以上的仅占 19.5%。详见表 5－8。

表 5－8　　山东省农村劳动力就业状况（随机抽样调查）

序号	项目	分类	比例（%）
1	性别	女	43.8
		男	56.2
2	年龄	15～25 岁	20.1
		26～35 岁	15.8
		36～45 岁	31.7
		46～64 岁	32.4
3	受教育程度	小学及以下	23.3
		初中	33.1
		高中	27.9
		大专及以上	15.7
4	是否受过职业培训[a]	否	70.7
		有	29.3
5	是否有技术特长[b]	否	66.3
		有	33.7
6	就业类型	从事种植业	28.6
		从事林牧渔业	1.9
		多业经营	2.0
		亦工亦农	37.4
		全年外出打工	30.1
7	务工时间	3 个月以下	33.5
		4～6 个月	7.8
		6～9 个月	23.9
		9 个月以上	34.8

续表

序号	项目	分类	比例（%）
8	从事行业	种植业	35.2
		林牧渔业	2.8
		工业	18.3
		建筑业	15.1
		流通部门	15.6
		为生产和生活服务的部门	10.4
		为提高居民科学文化素质服务的部门	2.2
		为社会公共需要服务的部门	0.4
9	就业地点	农村	54.3
		乡镇	13.4
		县级市	15.1
		地级市	8.6
		计划单列市、省会、直辖市	8.6
10	劳动力月收入	500 元以下	32.3
		500～1000 元	10.2
		1000～1500 元	20.8
		1500～2000 元	17.2
		2000 元以上	19.5

注：a 指非农职业培训；b 指非农技术特长。

资料来源：张务伟，张福明，杨学成．《农村劳动力就业状况的微观影响因素及其作用机理——基于入户调查数据的实证分析》［J］．《中国农村经济》，2011（11）：62－73，81．

5.3.2 就业质量不高导致贫困

由于劳动力素质不高、就业能力不强的问题，在就业质量上，多数农村劳动力只能从事低技术含量的简单劳动，可选择的转移就业行业和职业范围十分有限，充当建筑工人、餐饮服务人员、保洁人员等，总体特点是粗放型，属于重、苦、脏、险等工种，就业质量不高。以 2014 年经国务院批复的第九个国家级新区青岛西海岸新区为例，该区 2018 年 1 ~8 月新增在城镇就业的本区农村户籍人员（共 31028 人）统计情况显示，就业人数排前 3 位的行业分别是：制造业，占比 32. 12%；居民服务和其他服务业 18. 17%；建筑业 10. 55%。这三个行业占据了 60% 以上的就业量，而金融业、信息软件业、公共管理和社会组织、水电气的生产和供应业等需要较高文化素质或具有一定垄断性质的国企等收入水平高、工作稳定性好的行业则从业者寥寥无几。统计数据非常显著地体现出农村劳动力就业质量不高的特征。详见表 5 -9。

表 5 -9　　青岛市西海岸新区 2018 年 1 ~8 月不同行业吸纳农村劳动力就业情况统计

序号	行业	就业人数（人）	占比%
1	农、林、牧、渔业	223	0. 72
2	采掘业	6	0. 02
3	制造业	9967	32. 12
4	电力、燃气及水的生产和供应业	225	0. 73
5	建筑业	3272	10. 55
6	交通运输、仓储和邮政业	1801	5. 80
7	信息传输、计算机服务和软件业	266	0. 86
8	批发和零售业	3163	10. 19

续表

序号	行业	就业人数（人）	占比%
9	住宿和餐饮业	1021	3.29
10	金融业	148	0.48
11	房地产业	376	1.21
12	租赁和商务服务业	2955	9.52
13	科学研究、技术服务和地质勘查业	417	1.34
14	水利、环境和公共设施管理业	486	1.57
15	居民服务和其他服务业	5638	18.17
16	教育	628	2.02
17	卫生、社会保障和社会福利业	208	0.67
18	文化、体育和娱乐业	170	0.55
19	公共管理和社会组织	58	0.19
20	国际组织	0	0.00

资料来源：刘玉军，殷登科，葛树连.《当前农村就业现状和劳动力转移的调查研究——以青岛西海岸新区为例》[J].《农民科技培训》，2018（10）：17-19.

农村劳动力大多从事对受教育程度要求不高的建筑业、储运业、住宿餐饮服务业、批发零售商业、保洁物业服务业等，劳动报酬低，工作环境较差，并且随着进城务工农民的增多和城市管理日益严格，这些工种已经相对饱和，失业的可能性较大，工作不稳定，容易陷入贫困和相对贫困的境地，如图5-4所示。

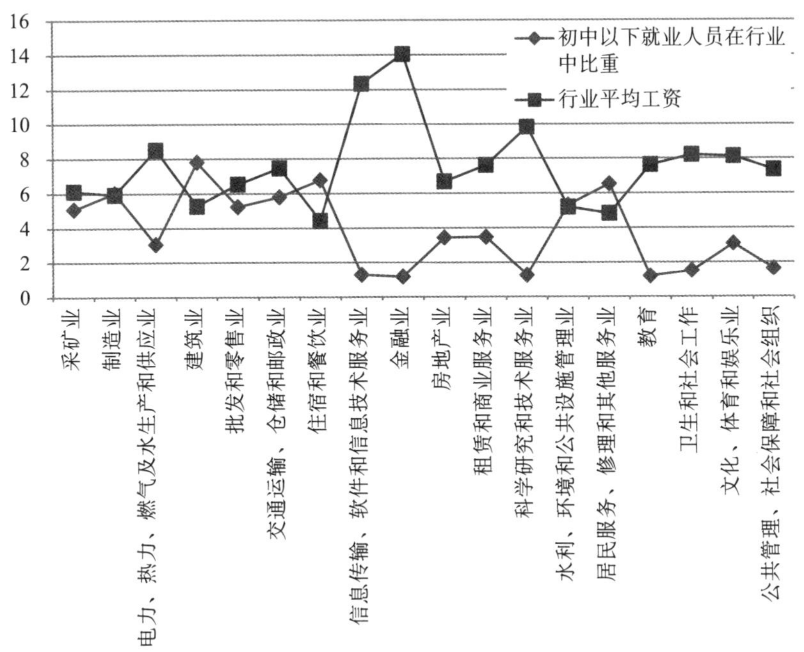

图 5-4　受教育程度与行业平均工资的关系

根据《中国人力资源和社会保障年鉴（工作卷）2017》计算整理得出。“初中以下就业人员在行业中比重”根据表 3-6 全国按行业、性别分的就业人员受教育程度构成计算；“行业平均工资”摘自表 1-10 历年分行业职工平均工资；“失业人员失业前所在行业构成”摘自表 3-42 城镇按年龄、性别分的失业人员失业前的行业构成。

5.3.3　就业环境不利导致贫困

按照经济学理论，生产要素从边际生产率较低的部门和地域流向边际生产率较高的部门和地域，既有利于生产要素总产出的提高，又符合当事人的利益需要。对个人和家庭而言，其收入水平取决于生产要素的投入量和配置结构，将生产要素从边际报酬较低的领域转移到边际报酬较高的领域，是增加收入的重要方式。如果劳动力从事非农产业比从事农业能够获得更高的边际报酬，则农户家庭增加非农业就业会带来收入增加。现实中，农村劳动力转移就业会增加农村居民收入中的工资收入。从表5－10、图5－5可以看出，无论从全国不同时期数据还是从不同地区的同一时点数据看，农村居民来自工资的收入比重增加，都与农村居民收入的提高，从而减轻贫困，表现出明显的相关性。同时，图表还显示，农村居民来自工资的收入比重提高，与城乡收入差距缩小表现出明显的相关性。从全国不同时期数据看，随着农村居民人均可支配收入中工资收入比重的提高，城乡收入差距减小；从各地区时点数据看，农村居民人均可支配收入中工资收入比重较高的地区，例如天津、浙江等省市，多数情况下城乡相对收入差距较小，反之，工资收入比重低的地区，城乡相对收入差距较大。

表5－10　工资收入比重与农村居民收入、城乡收入差距

项目		2013年	2014年	2015年	2016年	2017年	2018年
农村居民人均可支配收入（元）	（1）	9429.60	10488.90	11421.70	12363.40	13432.40	14617.00
其中：工资收入（元）	（2）	3652.50	4152.20	4600.30	5021.80	5498.40	5996.10
城镇居民人均可支配收入（元）	（3）	26467.00	28843.90	31194.80	33616.20	36396.20	39250.80

续表

项目		2013 年	2014 年	2015 年	2016 年	2017 年	2018 年
农村居民工资收入比重（%）	(4) = (2)/(1)	38.73	39.59	40.28	40.62	40.93	41.02
城乡收入差距	(5) = (3)/(1)	2.81	2.75	2.73	2.72	2.71	2.69

根据《中国统计年鉴》（2019 年）相关数据计算得出。基础资料来源："农村居民人均可支配收入"和其中的"工资收入"摘自表 6－11 农村居民人均收支情况；"城镇居民人均可支配收入"摘自表 6－6 城镇居民人均收支情况。

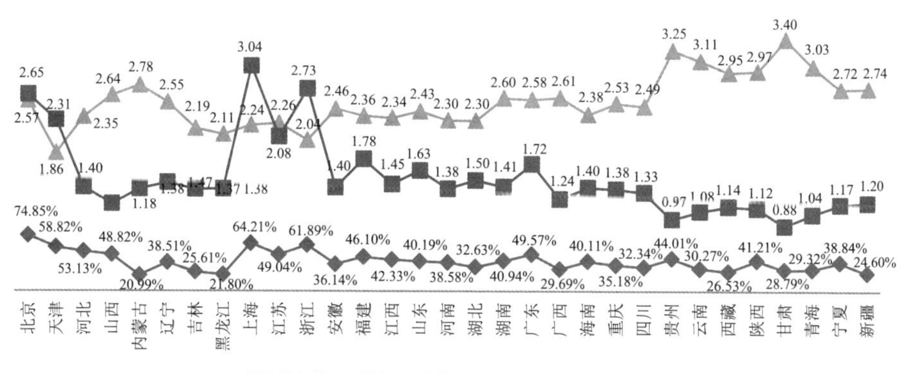

图 5－5　工资收入比重与农村居民收入、城乡收入差距的相关性（各地区 2018 年）

根据《中国统计年鉴》（2019 年）相关数据计算得出。基础资料来源：表 6－11 农村居民人均收支情况、表 6－6 城镇居民人均收支情况。

但就目前情况看，我国就业环境依然存在许多不利于劳动力自由流动的因素：户籍障碍、身份问题，如城乡身份、本地人与外地人身份、体制内与体制外身份等，都导致了就业机会的不平等；在经济萧条时期，在城市就业的农村劳动力比城市劳动力更容易失去工作，因为在就业机会减少时，管理部门倾向于采取保护城市劳动者就业的政策；同工不同酬等现象在现行体制下也相当普遍。这些不利因素，使农村劳动力不能通过自由流动来优化配置到最有利的就业岗位，制约其有效增加收入，影响了贫困问题的有效解决。

5.4 本章小结

通过本章的分析可以看出：我国农村就业方面存在着不利于减贫脱贫的制约因素，与此同时，财政对于通过公共产品、公共政策、财政体制手段全面改善就业的减贫效应关注不够，发挥作用尚不充分。(1) 在劳动力需求方面，我国经济发展的技术路线选择使经济尚未充分释放对劳动力就业的需求，第三产业、劳动密集型产业、小微企业发展不足，小城镇发展不够等，使经济对劳动力吸纳能力不强；在劳动力供给方面，农村劳动力的就业能力与社会经济对劳动力的素质需求存在较大距离，农村劳动力较低的受教育水平和缺乏就业技能培训，使其多数只能从事低技术含量、高替代性的简单劳动，影响就业质量；劳动力就业的意愿也未被充分激发；此外，由于我国处在市场经济体制建立过程中，这一国情决定了除需求因素和供给因素之外，我国还存在着不同于成熟市场经济国家的独特因素，如劳动力要素流动壁垒、市场发育不健全，阻碍劳动力供给向需求实现。(2) 财政在公共产品、财政政策、财政体制方面，较过去已有积极的改进，但仍有一定距离。公共产品供给不足与结构失衡、促进就业政策缺失、财政体制不完善一定程度上对农村就业存在负面影响，形成了农村就业不利因素，制约我国农村贫困问题的有效解决。究其原因，是尚未对改善劳动力就业给予足够重视，没有聚焦就业这一关键点，没有围绕解决农村劳动力就业问题施策。财政的这些问题并不是孤立的，一方面改革开放 40 多年来经济高速发展使我们还没有明显感受到大范围的就业压力；另一方面财政支出方向和结构是国家治理理念的体现，因而这在总体上反映出长期以来我国在发展理念中重经济轻社会、重实力轻活力、重大轻小、重物轻人的倾向，表明我国财政在资金支出、政策导向、体制安排各个方面，都需要进行以人、以社会、以公平为重心的全面转型。

第6章 财政支出的就业减贫效应实证分析

本章对财政—就业—贫困（减贫）传导机制进行实证研究，即对财政支出在促进就业方面的减贫效应进行量化分析。在前面第3章中，基于公共产品理论、人力资本理论、凯恩斯主义等经济学理论对财政—就业—贫困（减贫）的传导机制在理论层面进行了分析：财政影响就业，就业影响贫困，就业是贫困的汇集地也是财政治理贫困的重要途径；财政具体是通过就业数量、就业质量、就业环境影响贫困的；财政通过提供教育等公共产品影响就业质量，通过促进产业发展增加就业数量，通过改善公共支出和完善财政制度优化就业环境。本章将从实证研究的角度来证实上述理论分析结论，并利用数据来进一步探索传导机制中的一些细节问题和获取政策借鉴。

本章在结构安排上，6.1和6.2侧重于从财政支出总量的角度来研究财政—就业—贫困（减贫）传导机制。6.1从全国层面进行研究，6.2从贫困县层面进行研究，作为对6.1的必要补充。

从全国层面进行分析可以避免具体贫困县潜在的代表性、普适性不强问题，避免被调查县个案因素即特殊性因素的影响，便于观察到普遍意义的结论，而从贫困县层面进行分析可以深入解剖麻雀，对全国层面得出的结论进行验证，对诸多具体因素与减贫效果的关系进行更加深入的分析。6.3 侧重于从财政支出均等化程度的角度来研究财政—就业—贫困（减贫）传导机制，作为 6.1、6.2 总量研究的进一步深化研究。

本章通过实证研究证实了财政通过就业影响贫困的传导机制，即财政的就业减贫效应。研究表明，增加财政教育投入、农村建设投入能够通过提高劳动力素质和增加就业机会改善就业状况，增加农村居民收入，降低贫困；财政扶贫专项资金、农业发展资金亦通过影响就业发挥着减贫效应；提高用于提升人口素质的财政支出均等化程度，可以从国家整体层面提高劳动者就业质量，改善贫困。因此，应当调整和优化财政支出的方向和结构，重点投向教育公共产品和劳动力吸纳能力强的农村建设领域，同时注重公共资源配置的均衡程度，重点增加对贫困地区人力资本公共产品的投入，以增加财政扶贫产出，提高财政扶贫效果，使财政扶贫资金发挥最大效用。

6.1 财政支出规模的就业减贫效应：省级面板数据的全国实证分析

6.1.1 模型构建思路

本节从全国层面研究财政—就业—贫困（减贫）传导机制，以31个省、市、自治区的农村地区为对象，聚焦我国财政资金使用情况，按照第3章理论分析中提出的传导载体从就业数量、质量、环境考察财政资金的就业减贫机制。

贫困的特征是低收入，我国贫困线的划定基准是收入水平，许多学者也都使用收入水平作为贫困程度的衡量指标，如郭熙保和罗知（2008）使用20%低收入户农村居民人均可支配收入来反映我国的农村贫困程度，张冰和冉光和（2013）采用人均消费水平来衡量地区的贫困水平，郭鲁芳和李如友（2016）用城乡人均收入和人口比重乘积来衡量我国贫困水平，徐爱燕和沈坤荣（2017）也用农村贫困人口的收入来反映农村贫困水平，故本节选取农村居民的收入和消费水平作为研究对象。

为了探究财政扶贫的效果以及作用机制，本节的技术路线或论证思路是分三部分进行实证。借鉴已有研究（徐爱燕和沈坤荣，2017），使用以下函数来表示农村财政支出与农村居民收入之间的关系：

$$Income = f\ (x_1,\ x_2,\ x_3,\ \cdots,\ x_n) \tag{6.1}$$

其中：因变量 *Income* 表示农村居民收入；x_1，x_2，x_3，…，x_n 分别表示不同的财政支出分项。

同时，使用以下函数表示农村财政支出与农村就业情况之间的关系：

$$Employment = g\ (x_1,\ x_2,\ x_3,\ \cdots,\ x_n) \tag{6.2}$$

其中：因变量 *Employment* 为反映农村就业情况的变量，本书选取了就业数量、就业质量和就业环境三方面的就业代理变量；x_1，x_2，x_3，…，x_n 分别表示不同的财政支出分项。

为了进一步研究农村财政支出对农村居民收入的影响机制，本书将就业类变量纳入函数（6.1）中，形成新的函数关系如下：

$$Income = h\ (x_1,\ x_2,\ x_3,\ \cdots,\ x_n;\ Employment) \tag{6.3}$$

如果在式（6.1）和式（6.2）中，财政支出能显著影响农村居民收入和就业，并且在式（6.3）中，加入反映就业情况的变量后，财政支出对农村居民收入的影响不再显著或显著性下降，则能在一定程度上证明财政支出通过影响就业来影响农村居民收入的传导机制。

在变量选取上，本节借鉴前述学者的做法，选取 20% 低收入户农村居民人均可支配收入、农村居民人均消费支出和农村居民家庭人均纯收入作为农村居民收入和生活水平的代理变量，反映农村居民的贫困程度。对于财政支出变量，将全部财政支出分为社会性支出和经济性支出两类，其中社会性支出选取占比较大且有代表性的两个财政支出分项：农村教育支出和农村低保支出；

经济性支出选取占比较大且有代表性的两个财政支出分项：城乡社区事务支出和农林水事务支出。城乡社区事务指农村内部道路、桥梁、公共交通、燃气、供暖、照明、供水等各方面的建设、维护及管理，本节将农村城乡社区事务支出视为农村建设支出；农林水事务支出包括农业支出、林业支出、水利支出、农业综合开发支出等涉农支出。

首先，分别考察社会性支出和经济性支出对农村居民收入水平的影响，然后考察两类财政支出内部各分项对收入的影响程度。进一步地，为了明确财政支出是否通过影响就业影响农村居民收入，分析财政支出对农村就业数量、就业质量和就业环境三方面的影响。就业数量使用农村就业人数和就业率作为代理变量。就业质量代理变量的选取需要首先考虑农村经济来源，农村居民的收入可以分为四个方面：工资性收入、家庭经营收入、财产性收入和转移性收入，其中工资性收入主要是劳务收入，家庭经营收入主要是传统农业收入，包括农业生产如种植粮食和饲养畜禽等产生的收入，财产性收入是对外投资和财产租赁等取得的收入，转移性收入则与国家的保障和补贴政策等有关。在四种收入来源中工资性收入和家庭经营性收入所占比例最大，且工资性收入具有相对稳定的特点，工资性收入提高反映劳动者在供求市场上获得更加有利的地位，为此本节将工资性收入的增加视为就业质量的提升，同时考虑到经营性收入增加反映农村居民经营向好，也在一定程度反映就业质量，以经营性收入作为辅助指标。此外，选取农村就业人数中非农林渔牧行业就业人数和比率作为就业环境的代理变量，如果就业环境较好，农村居民进入城市务工或者从事现代服务业的壁垒较低，非农林渔牧行业就业人数将会上升。

鉴于研究需要和实证方便，对各主要变量采用了对数形式，构建了线性计量模型：

$$LnIncome_{i,t} = \alpha + \beta_1 Lnx_{1,i,t} + \beta_2 Lnx_{2,i,t} + \cdots + \beta_n Lnx_{n,i,t} + Controls + \varepsilon_{i,t} \quad (6.4)$$

$$LnEmploy_{i,t} = \alpha + \gamma_1 Lnx_{1,i,t} + \gamma_2 Lnx_{2,i,t} + \cdots + \gamma_n Lnx_{n,i,t} + Controls + \varepsilon_{i,t} \quad (6.5)$$

$$LnIncome_{i,t} = \alpha + \delta_1 Lnx_{1,i,t} + \cdots + \delta_n Lnx_{n,i,t} + \delta_l LnEmploy_{i,t} + Controls + \varepsilon_{i,t} \quad (6.6)$$

模型 6.4 中的回归系数表示财政支出每提高一个百分点带来收入变动的百分点数，模型 6.5 中的回归系数表示财政支出每提高一个百分点带来就业变量变动的百分点数，模型 6.6 中的回归系数表示在控制就业情况后，财政支出每提高一个百分点带来收入变动的百分点数。

6.1.2　样本数据与描述性统计

本节选取的样本区间为 2007 ~ 2017 年，数据来自《中国统计年鉴》和各省统计年鉴。为避免异方差等影响，对各变量取自然对数。主要变量说明和数据描述性统计分别见表 6 - 1 和表6 - 2。

表 6-1　　省级数据主要变量解释说明

	变量	变量解释
1. 收入变量	lowinc	全省 20% 低收入户农村居民人均可支配收入（元）
	consume	全省农村居民人均消费支出（元）
	netinc	全省农村居民家庭人均纯收入（元）
2. 财政支出变量	sfund	社会性财政支出，包括农村教育支出和农村低保支出两项（亿元）
	efund	经济性财政支出，包括农村城乡社区事务支出和农林水事务支出两项（亿元）
	edu	省财政农村教育支出（亿元）
	rml	省财政农村低保支出（亿元）
	com	省财政农村城乡社区事务支出（亿元）
	far1	省财政农村农林水事务支出（亿元）
3. 就业数量变量	emp	农村就业人数（万人）
	emp2	农村劳动力就业率
4. 就业质量变量	wageinc	全省农村居民家庭人均纯收入中工资性收入（元）
	busiinc	全省农村居民家庭人均纯收入中经营性收入（元）
5. 就业环境变量	nonfiemp/nonfiemp2	农村就业人数中非农林渔牧行业就业人数（万人）/就业比例
	fiemp/fiemp2	农村就业人数中农林渔牧行业就业人数（万人）/就业比例
6. 其他变量	agr	全省年农业总产出（亿）
	rpop	农村总人口

表 6-2　　省级数据主要变量描述性统计

变量	N	均值	中位数	标准差	最小值	最大值
lowinc	106	3255.57	2946.62	1510.52	1284.30	7707.00
consume	341	7995.87	6954.00	4958.44	2142.00	24285.00
netinc	341	8762.45	8003.50	4554.13	2644.70	24240.49

续表

变量	N	均值	中位数	标准差	最小值	最大值
emp	207	1740.88	1522.29	1209.13	119.37	4859.13
emp2	207	0.75	0.73	0.16	0.35	1.26
sfund	341	81.37	66.17	57.97	5.43	236.37
efund	341	389.15	336.61	256.09	32.98	1072.03
edu	341	60.28	50.20	42.55	4.91	181.97
rml	341	21.06	15.53	18.21	0.51	72.90
com	341	32.51	23.60	27.32	2.01	129.67
far1	341	356.88	312.22	233.27	29.27	985.62
wageinc	341	3821.75	2794.90	3270.35	521.63	17482.50
busiinc	341	3477.59	3254.57	1428.32	753.58	7399.80
fiemp	186	898.28	681.06	687.48	34.06	2837.24
fiemp2	148	0.56	0.58	0.15	0.18	0.83
nonfiemp	148	776.85	603.43	637.77	26.79	2127.45
nonfiemp2	148	0.44	0.42	0.15	0.17	0.82
agr	341	1383.22	1126.81	1092.56	46.14	4503.71
rpop	341	2050.47	1783.18	1413.97	218.99	5784.00

说明：由于各地区不同年份纳入统计范围的指标有变化，造成不同指标的样本数据量不同，有指标与无指标的时间区域相互交错。为保证观测数量，使用尽可能多的观测进行分析，且为了保证尽量真实客观，没有对样本进行统一节选，本书使用能取得的全部数据。

本节选取面板数据模型，并对面板数据模型选择固定效应或随机效应使用了 Hausman 检验[①]。为避免极端值对研究结果的干扰，对所有变量按照 1% 水平进行缩尾处理。此外，在实证部分

① Hausman 检验结果显示，个体效应与回归变量相关，面板数据模型选择固定效应模型进行分析。

对省份进行了东部、中部、西部的聚类，增加了模型的稳健性。

6.1.3 实证分析

6.1.3.1 财政支出对农村居民收入的影响

是否所有财政支出对农村居民收入都有正向影响呢？第3章分析中我们得出了有利于促进就业的财政支出在理论上具有减贫效应，对于其他财政支出是否具有减贫效应，我们并未进行分析，这是由本书研究财政—就业—贫困（减贫）传导机制的主题所决定的。在本节中，我们分析不同投向的财政支出对农村居民收入的影响，找出对减贫具有正向影响的财政支出投向。

首先，初步考察农村财政支出中社会性财政支出（lnsfund）和经济性财政支出（lnefund）对农村居民收入的影响。回归结果见表6-3。模型〈1〉~〈3〉以全省20%低收入户农村居民人均可支配收入的自然对数（lnlowinc）为因变量，模型〈4〉~〈6〉以全省农村居民人均消费支出的自然对数（lnconsume）为因变量，模型〈7〉~〈9〉以全省农村居民家庭人均纯收入的自然对数（lnnetinc）为因变量。从回归R-square看，各模型的拟合效果都较好。在控制其他财政支出、农业总产出和乡村人口的情况下，社会性财政支出（lnsfund）负向影响低收入户可支配收入（模型〈3〉），对消费水平和家庭纯收入的影响不显著（模型〈6〉、〈9〉）；经济性财政支出（lnefund）正向影响低收入户可支配收入、农村居民消费水平和家庭纯收入（模型〈3〉、〈6〉、〈9〉）。

表6-3 社会性财政支出和经济性财政支出对农村居民收入水平的影响

	〈1〉	〈2〉	〈3〉	〈4〉	〈5〉	〈6〉	〈7〉	〈8〉	〈9〉
变量	lnlowinc	lnlowinc	lnlowinc	lnconsume	lnconsume	lnconsume	lnnetinc	lnnetinc	lnnetinc
lnsfund	0.058 (0.25)		-1.012*** (-18.91)	0.520* (4.01)		-0.285 (-1.47)	0.444* (3.93)		-0.442 (-1.98)
lnefund		0.301 (1.81)	1.367*** (59.94)		0.603** (7.60)	0.881** (5.25)		0.537*** (11.79)	0.969** (5.41)
lnagr	0.519 (2.49)	0.274 (1.65)	0.152 (2.33)	0.284 (2.08)	0.188 (1.63)	0.181 (1.57)	0.270 (2.36)	0.167 (2.16)	0.156 (1.98)
lnrpop	-0.677*** (-34.76)	-0.555*** (-16.87)	-0.318** (-8.15)	-0.715** (-7.54)	-0.557** (-5.78)	-0.496** (-6.48)	-0.633*** (-10.31)	-0.487** (-6.91)	-0.393** (-4.52)
Constant	9.164*** (14.62)	8.468*** (23.41)	5.687*** (55.06)	9.964*** (13.81)	8.153*** (14.65)	7.335** (9.00)	9.915*** (16.98)	8.292*** (15.42)	7.023** (6.37)
Fixed effect	Yes	Yes	Yes	Yes	Yes	Yes	Yes	Yes	Yes
N	106	106	106	341	341	341	341	341	341
R-square	0.451	0.513	0.689	0.631	0.680	0.686	0.619	0.686	0.705

注：***、**、*分别代表在1%，5%，10%的水平下显著。

社会性财政支出每增加1个百分点，低收入户可支配收入下降1.012个百分点；经济性财政支出每增加1个百分点，低收入户可支配收入、农村居民消费水平、农村家庭人均纯收入分别上升1.367、0.881、0.969个百分点。经济性财政支出的减贫效果明显，社会性财政支出的减贫效果不明显，从大类初步观察经济性财政支出的减贫效果优于社会性财政支出。

然后，进一步考察财政支出分项对农村居民收入的影响。回归结果见表6-4。模型〈1〉~〈3〉以全省20%低收入户农村居民人均可支配收入的自然对数（lnlowinc）为因变量，模型〈4〉~〈6〉以全省农村居民人均消费支出的自然对数（lnconsume）为因变量，模型〈7〉~〈9〉以全省农村居民家庭人均纯收入的自然对数（lnnetinc）为因变量。从回归R-square看，各模型拟合效果都较好。在控制其他财政支出、农业总产出和乡村人口的情况下，社会性财政支出中的教育支出（lnedu）对农村居民消费水平和家庭纯收入水平呈现显著正向影响（模型〈6〉、〈9〉），而农村低保支出（lnrml）对20%低收入户农村居民人均可支配收入、农村居民消费水平和家庭纯收入水平呈现显著负向影响（模型〈3〉、〈6〉、〈9〉），两者效应一正一负，这可能是社会性财政支出整体效应表现不理想的原因；经济性财政支出中的城乡社区事务支出（lncom）对20%低收入户农村居民人均可支配收入、农村居民消费水平和家庭纯收入水平呈现显著正向影响（模型〈3〉、〈6〉、〈9〉），农林水事务支出（lnfar1）的系数为负但不显著，从上文可知经济性财政支出减贫的整体效应为正，由此可见经济性财政支出的减贫效应主要体现在城乡社区事务支出（lncom）上。

表6－4 社会性财政支出分项和经济性财政支出分项对农村居民收入水平的影响

	〈1〉	〈2〉	〈3〉	〈4〉	〈5〉	〈6〉	〈7〉	〈8〉	〈9〉
变量	lnlowinc	lnlowinc	lnlowinc	lnconsume	lnconsume	lnconsume	lnnetinc	lnnetinc	lnnetinc
lnedu	0.901***		0.380	0.915***		0.907*	0.877***		0.777*
	(14.83)		(1.12)	(13.38)		(4.28)	(43.89)		(3.42)
lnrml	−0.456***		−0.225**	−0.282**		−0.124**	−0.314***		−0.182**
	(−28.68)		(−9.11)	(−5.92)		(−7.28)	(−10.85)		(−5.30)
lncom		0.600***	0.401***		0.500**	0.431**		0.480***	0.384***
		(13.36)	(17.80)		(6.10)	(8.74)		(14.64)	(15.20)
lnfar1		−0.299*	−0.163		0.077	−0.579		0.033	−0.413
		(−3.96)	(−0.41)		(0.89)	(−2.14)		(0.55)	(−1.20)
lnagr	0.038	−0.002	−0.046	0.171	0.038	0.013	0.159*	0.022	0.015
	(0.71)	(−0.03)	(−1.65)	(2.02)	(1.27)	(0.45)	(3.70)	(0.49)	(0.25)
lnrpop	−0.250**	−0.209	−0.161*	−0.537**	−0.319**	−0.369**	−0.453***	−0.256*	−0.289*
	(−7.85)	(−2.51)	(−3.26)	(−9.53)	(−4.68)	(−5.25)	(−13.09)	(−3.26)	(−3.16)
Constant	7.281***	9.409***	8.314**	8.792***	8.887***	10.190***	8.631***	8.985***	9.580**
	(25.64)	(27.80)	(6.67)	(30.16)	(11.71)	(10.23)	(27.49)	(13.95)	(7.59)
Fixed effect	Yes	Yes	Yes	Yes	Yes	Yes	Yes	Yes	Yes
N	104	106	104	339	341	339	339	341	339
R－square	0.714	0.764	0.783	0.753	0.779	0.828	0.791	0.805	0.868

注：***、**、*分别代表在1%，5%，10%的水平下显著。

具体地，教育支出每增加 1 个百分点，农村居民消费水平上升 0.907 个百分点，家庭纯收入水平上升 0.777 个百分点；农村低保支出每增加 1 个百分点，20% 低收入户农村居民人均可支配收入、农村居民消费水平和家庭纯收入水平将分别下降 0.225、0.124 和 0.182 个百分点；城乡社区事务支出每增加 1 个百分点，20% 低收入户农村居民人均可支配收入、农村居民消费水平、家庭纯收入水平将分别上升 0.401、0.431 和 0.384 个百分点。由此可见，财政支出的分项中，教育支出和城乡社区事务支出（农村建设支出）具有减贫效应，而救济性的低保支出和用于传统农业的支出并不能提高农民收入、减轻贫困。

6.1.3.2 财政支出对农村居民就业的影响

由上文分析可知，四类财政支出分项中，农村教育支出和城乡社区事务支出对农村居民收入的正向影响显著。在第 3 章传导机制理论分析中，我们已经运用经济学理论在理论上论证了教育公共产品支出、劳动密集型等高就业弹性产业对就业的促进作用。国内学者也进行了相关研究，林梅（2005）的研究表明农村劳动力较低的素质会影响到其参与就业，孙延旭（2009）的研究表明农业投资量会对农业劳动力非农就业产生影响，城乡社区事务支出涉及农村基本设施建设，能够为农村居民提供就业机会。因此，提出如下待检验假设：

教育支出与就业显著正相关，城乡社区事务支出与就业显著正相关。

由于要从就业的数量、质量、环境三个方面来考察传导机制，所以细分为三组加以检验。

第一组：财政支出与就业数量。H1：教育支出与就业人数、就业率显著正相关，H2：城乡社区事务支出与就业人数、就业率显著正相关。

其中，农村就业率取农村就业人数与农村总人口的比值[①]。回归结果见表 6 - 5。模型〈1〉~〈3〉以农村就业人数的自然对数（lnemp）为因变量，模型〈4〉~〈6〉以农村就业率的自然对数（lnemp2）为因变量。从回归结果看，在控制其他财政支出、农业产出和乡村人口的情况下，教育支出（lnedu）、城乡社区事务支出（lncom）显著正向影响就业人数和就业率。教育支出每上升 1 个百分点，农村就业人数和就业率将分别上升 0.323 和 0.321 个百分点；城乡社区事务支出每上升 1 个百分点，农村就业人数和就业率将分别上升 0.212 和 0.214 个百分点；低保支出（lnrml）和农林水事务支出（lnfar1）对农村就业人数和就业率的影响为负。由此可见，教育支出和城乡事务支出与农村就业人数和就业率显著正相关，证实了 H1 和 H2。教育支出和城乡事务支出可能通过影响农村就业数量，提高农村居民收入水平。

第二组：财政支出与就业质量。H3：教育支出与农村居民工资性收入水平显著正相关，H4：城乡社区事务支出与农村居民工

① 农村就业率是反映农村劳动力就业程度的指标，指农村中在业人员占在业人员与待业人员之和的百分比。因为年鉴中没有“农村劳动力”指标，亦无 16 岁以上分省农村人口统计数据，本节选用“农村总人口”指标计算，计算公式：农村就业率 = 农村就业人数/农村总人口。

表 6-5　　财政支出对农村就业数量的影响

	(1)	(2)	(3)	(4)	(5)	(6)
变量	lnemp	lnemp	lnemp	lnemp2	lnemp2	lnemp2
lnedu	0.318***		0.323***	0.316***		0.321***
	(4.81)		(3.11)	(4.82)		(3.09)
lnrml	-0.162***		-0.073*	-0.161***		-0.072*
	(-4.52)		(-1.69)	(-4.55)		(-1.67)
lncom		0.251***	0.212***		0.252***	0.214***
		(7.25)	(5.20)		(7.26)	(5.23)
lnfarl		-0.149***	-0.310***		-0.150***	-0.312***
		(-4.27)	(-2.84)		(-4.29)	(-2.85)
lnagr	-0.129***	-0.140***	-0.181***	-0.127***	-0.139***	-0.179***
	(-2.71)	(-2.90)	(-3.71)	(-2.66)	(-2.89)	(-3.69)
lnrpop	1.128***	1.159***	1.168***	0.125***	0.157***	0.166***
	(32.96)	(28.92)	(27.89)	(3.64)	(3.94)	(3.96)
Constant	-1.153***	-0.434***	-0.241	-1.142***	-0.425***	-0.225
	(-9.53)	(-3.04)	(-0.71)	(-9.41)	(-2.96)	(-0.67)
Fixed effect	Yes	Yes	Yes	Yes	Yes	Yes
N	207	207	207	207	207	207
R-square	0.963	0.966	0.968	0.191	0.251	0.298

注：***、**、* 分别代表在 1%，5%，10% 的水平下显著。

资性收入水平显著正相关。

选取农村居民家庭人均纯收入中的工资性收入反映就业质量，相比传统农业的收入，工资性收入更加稳定，也相对较高。教育通过提高人力资本素质，提高了劳动力就业的多样性，而城乡社区事务支出通过创造更多的农村建设工作岗位，提高了社会的非农岗位就业需求。同时考虑到经营性收入增加反映农民对传统农业的经营向好，以经营性收入作为辅助指标。

回归结果见表 6 - 6。模型〈1〉~〈2〉分别以农村居民工资性收入的自然对数（lnwageinc）、经营性收入的自然对数（lnbusiinc）为因变量。从回归结果看，在控制其他财政支出、农业产出和乡村人口的情况下，教育支出（lnedu）和城乡社区事务支出（lncom）显著正向影响工资性收入，而财政支出对经营性收入的影响不显著。教育支出每上升 1 个百分点，工资性收入将上升 1.834 个百分点；城乡社区事务支出每上升 1 个百分点，工资性收入将上升 0.786 个百分点。说明教育支出和城乡社区事务支出能够增加农村劳动力非农劳务就业机会，提升就业质量，H3 和 H4 得到验证。

表 6 - 6　　财政支出对农村居民就业质量的影响

	〈1〉	〈2〉
变量	lnwageinc	lnbusiinc
lnedu	1.834** (6.66)	-0.150 (-0.34)
lnrml	-0.246 (-2.44)	0.149 (0.56)
lncom	0.786*** (62.56)	0.055 (0.65)
lnfar1	-1.563** (-6.57)	0.039 (0.04)
lnagr	-0.411* (-3.63)	0.457 (2.84)
lnrpop	0.036 (0.26)	-0.465* (-2.93)
Constant	10.471*** (11.45)	8.146* (2.99)

续表

	〈1〉	〈2〉
变量	**lnwageinc**	**lnbusiinc**
Fixed effect	Yes	Yes
N	339	339
R - square	0.712	0.472

注：***、**、* 分别代表在 1%，5%，10% 的水平下显著。

从回归结果中，还注意到用于传统农业发展的农林水事务支出（lnfar1）与工资性收入水平显著负相关，主要由于工资性收入以非农劳务就业为主，对传统农业的财政支出不能提升农村居民的非农就业收入。控制变量中农业总产值（lnagr）与工资性收入呈显著负相关关系，也支持这种观点。

第三组：财政支出与就业环境。H5：教育支出与非农林牧渔从业人数（就业率）显著正相关，H6：城乡社区事务支出与非农林牧渔从业人数（就业率）显著正相关。

选取农村就业人口中农林牧渔从业人数（就业率）和非农林牧渔从业人数（就业率）衡量就业环境的友好程度。原因和依据是就业环境通常包括政策制度、公共产品、社会保障制度、就业信息等多维度内容，在较好的就业环境下，劳动力流动畅通、转移成本较低，更容易从劳动力边际生产率低的经济部门转向边际生产率高的部门，而农林牧渔业劳动力的边际生产率低于非农林牧渔业的劳动力的边际生产率，因此，在较好的就业环境下，非农林牧渔从业人数将明显增加。教育通过提高人力资本素质，提高了劳动力对非农林牧渔业的适应能力，而城乡社区事务支出通过创造更多的农村建设工作岗位，提高了社会的非农岗位就业需求。

回归结果见表 6 - 7。模型〈1〉~〈4〉分别以农村非农林牧渔从业人数的自然对数（lnnonfiemp）、非农林牧渔就业比例的自然对数（lnnonfiemp2）、农林牧渔从业人数的自然对数（lnfiemp）、农林牧渔就业比例的自然对数（lnfiemp2）为因变量。从回归结果看，在控制其他财政支出、农业产出和乡村人口的情况下，教育支出（lnedu）和城乡社区事务支出（lncom）都与农村非农林牧渔就业数量、就业率显著正相关，与农林牧渔就业数量、就业率显著负相关。教育支出每上升 1 个百分点，农村非农林牧渔从业人数及其在农村就业人数中占比将分别上升 0.713 和 0.493 个百分点；城乡社区事务支出每上升 1 个百分点，农村非农林牧渔从业人数及其在农村就业人数中占比将分别上升 0.785 和 0.513 个百分点。这说明教育通过提升农村劳动力素质，增加了其在就业市场的竞争力，使得农村居民更容易从劳动力边际生产率低的经济部门转向边际生产率高的部门，从而获得更高的劳动力回报；而城乡社区事务支出通过在农村建设中提供更多非农就业机会，使农村劳动力能够跨越地域、行业、信息等种种阻碍，畅通地从传统农业就业转移到农村建设就业，就业环境得到了显著优化。H5 和 H6 得到验证。

表 6－7　财政支出对农村居民就业环境的影响

	〈1〉	〈2〉	〈3〉	〈4〉
变量	lnnonfiemp	lnnonfiemp2	lnfiemp	lnfiemp2
lnedu	0.713**	0.493**	－0.270***	－0.570***
	(2.15)	(2.46)	(－2.73)	(－3.20)
lnrml	－0.233**	－0.155**	0.200***	0.247***
	(－2.05)	(－2.39)	(4.98)	(4.14)

续表

	(1)	(2)	(3)	(4)
变量	lnnonfiemp	lnnonfiemp2	lnfiemp	lnfiemp2
lncom	0.785***	0.513***	-0.149***	-0.421***
	(7.69)	(8.21)	(-3.50)	(-7.65)
lnfar1	-0.799**	-0.584***	0.086	0.400*
	(-2.20)	(-2.63)	(0.68)	(1.98)
lnagr	-0.644***	-0.380***	0.106**	0.350***
	(-4.65)	(-4.78)	(2.06)	(5.36)
lnrpop	1.604***	0.353***	0.981***	-0.233***
	(11.90)	(4.83)	(18.34)	(-4.42)
Constant	-1.191	-0.598	-1.083***	-0.826
	(-1.11)	(-0.96)	(-2.82)	(-1.50)
Fixed effect	Yes	Yes	Yes	Yes
N	148	148	148	148
R-square	0.854	0.422	0.976	0.549

注：***、**、*分别代表在1%，5%，10%的水平下显著。

从回归结果中，还注意到农村低保支出（lnrml）与农林水事务支出（lnfar1）都与非农林牧渔就业数量、就业比例显著负相关，农村低保支出（lnrml）与农林牧渔就业数量、就业比例显著正相关，农林水事务支出（lnfar1）与农林牧渔就业比例显著正相关。这说明过度增加低保等社会救济类财政支出可能抑制低收入农村居民寻求多样化就业的积极性，从而继续选择传统农业就业和依靠政府福利为生；用于传统农业发展的农林水事务支出越多，传统农业就业在农村就业总人数中占比也会更高。

6.1.3.3 传导机制分析

从以上分析可知，教育支出和城乡社区事务支出既能够显著影响农村居民的收入水平，又能够显著影响农村就业情况（就业数量、就业质量和就业环境）。为了探究财政支出是否通过影响就业情况影响农村居民收入水平，将财政支出和反映就业情况的变量同时纳入对收入水平的回归模型中，回归结果如表6－8所示。模型〈1〉~〈4〉以20%低收入户农村居民人均可支配收入的自然对数（lnlowinc）为因变量，模型〈5〉~〈8〉以农村居民人均消费支出的自然对数（lnconsume）为因变量，模型〈9〉~〈12〉以农村居民家庭人均纯收入的自然对数（lnnetinc）为因变量。模型〈1〉、〈5〉、〈9〉不控制就业情况，模型〈2〉~〈4〉、〈6〉~〈8〉、〈10〉~〈12〉分别依次控制就业数量、就业质量和就业环境。

从模型〈1〉~〈4〉的回归结果看，控制了就业数量后，城乡社区事务支出对农村20%低收入户人均可支配收入的影响效应显著性明显下降；控制了就业质量和就业环境后，城乡社区事务支出的系数不再显著。从模型〈5〉~〈8〉的回归结果看，控制了就业数量和就业质量后，教育支出和城乡社区事务支出对农村居民消费水平的影响效应不再显著；控制了就业环境后，教育支出的系数大小明显下降，城乡社区事务支出的系数不再显著。从模型〈9〉~〈12〉的回归结果看，控制了就业质量后，教育支出和城乡社区事务支出对农村居民纯收入水平的影响效应不再显著；控制了就业数量和就业环境后，教育支出的系数不再显著，

表 6-8　财政支出和就业因素对农村居民收入水平的影响

	〈1〉	〈2〉	〈3〉	〈4〉	〈5〉	〈6〉	〈7〉	〈8〉	〈9〉	〈10〉	〈11〉	〈12〉
变量	lnlowinc	lnlowinc	lnlowinc	lnlowinc	lnconsume	lnconsume	lnconsume	lnconsume	lnnetinc	lnnetinc	lnnetinc	lnnetinc
lnedu	0.380 (1.12)	0.253 (0.43)	-0.149 (-1.25)	-0.059 (-0.18)	0.907* (4.28)	0.530 (1.89)	0.188 (2.56)	0.393* (3.37)	0.777* (3.42)	0.553 (2.65)	0.161 (1.10)	0.365 (2.34)
lncom	0.401*** (17.80)	0.516* (3.57)	-0.258 (-1.45)	0.048 (0.22)	0.431** (8.74)	0.235 (2.26)	0.011 (1.22)	0.070 (1.69)	0.384*** (15.20)	0.242* (3.85)	0.033 (2.47)	0.092** (5.92)
lnrml	-0.225** (-9.11)	-0.127 (-2.67)	-0.176 (-2.55)	-0.193*** (-14.16)	-0.124** (-7.28)	-0.070 (-0.92)	-0.054* (-3.97)	-0.039 (-0.68)	-0.182** (-5.30)	-0.123 (-1.51)	-0.135 (-2.12)	-0.105 (-1.18)
lnfarl	-0.163 (-0.41)	-0.317 (-0.93)	0.558** (6.42)	0.427 (1.62)	-0.579 (-2.14)	-0.194 (-0.42)	0.048 (0.52)	-0.070 (-0.27)	-0.413 (-1.20)	-0.237 (-0.60)	0.147 (0.53)	-0.037 (-0.11)
lnemp2		0.126 (0.37)				0.634* (3.83)				0.509* (3.85)		
lnwageinc			0.685*** (14.50)				0.438*** (11.35)				0.356** (7.89)	
lnnonfiemp2				0.372* (3.58)				0.625** (4.59)				0.518** (4.97)
lnagr	-0.046 (-1.65)	0.110 (0.54)	0.156 (2.24)	0.361 (1.59)	0.013 (0.45)	0.164 (2.47)	0.228** (7.61)	0.266** (4.45)	0.015 (0.25)	0.199 (2.89)	0.212* (4.05)	0.286* (3.94)
lnrpop	-0.161* (-3.26)	-0.264** (-4.76)	-0.093 (-1.01)	-0.497* (-2.99)	-0.369** (-5.25)	-0.501** (-9.19)	-0.384*** (-14.45)	-0.525** (-6.12)	-0.289* (-3.16)	-0.447** (-7.86)	-0.322** (-5.56)	-0.473** (-5.12)
Constant	8.314** (6.67)	8.801** (7.13)	0.659 (1.27)	7.612** (6.22)	10.190*** (10.23)	10.034** (7.76)	5.634*** (16.09)	10.032** (8.38)	9.580** (7.59)	9.769** (8.38)	5.781** (8.59)	9.597** (7.05)
Fixed effect	Yes	Yes	Yes	Yes	Yes	Yes	Yes	Yes	Yes	Yes	Yes	Yes
N	104	69	58	41	339	207	217	148	339	207	217	148
R-square	0.783	0.824	0.949	0.869	0.828	0.846	0.919	0.834	0.868	0.890	0.936	0.880

注：***、**、* 分别代表在 1%，5%，10% 的水平下显著。

城乡社区事务支出的系数大小和显著性均明显下降。

因此，表 6 – 8 的回归结果表明，教育支出和城乡社区事务支出通过影响农村居民就业数量、就业质量和就业环境，对农村居民收入水平带来积极影响。

6.1.4　本节小结

本节使用我国 31 个省、市、自治区的农村地区 2007 ~ 2017 年的财政资金面板数据，对财政支出、农村居民就业和农村居民收入水平的关系进行了实证分析。验证了财政—就业—贫困（减贫）传导机制，实证了财政教育支出、城乡社区事务支出通过增加就业机会、提高就业质量、优化就业环境产生显著的减贫效应。发现以下结论：

第一，教育支出和城乡社区事务支出具有显著的减贫效果，救济性的农村低保支出和用于传统农业的农林水事务支出则不具有显著的减贫效应。这一结论与第 3 章中关于提高人口素质才能有效解决贫困问题，在低附加值的传统农业等产业就业其减贫效应不佳的理论分析一致。

第二，教育支出和城乡社区事务支出与农村就业人数、就业质量和就业环境显著正相关。教育发展能够通过提升农村劳动力素质，增加其在就业市场的竞争力，扩大其在就业市场上的选择空间，使农村居民更容易从劳动力边际生产率低的经济部门转向边际生产率高的部门，促进就业，提升就业质量，优化就业环境；城乡社区事务建设能够为农村居民提供更多的农村建设及后续派生就业机会，使农村劳动力能够跨越地域、行业、信息等种种阻碍，畅通地从传统农业就业转移到非农就业岗位，提升就业质量和就业环境。

第三，教育支出和城乡社区事务支出能够通过全面改善就业状况提高农村居民收入，改善贫困。就业是连接财政和贫困改善的桥梁，是财政发挥减贫效应的重要途径。

6.2 财政支出规模的就业减贫效应：6个贫困县的实证分析

6.2从贫困县层面研究财政—就业—贫困（减贫）传导机制，以甘肃省成县、青海省达日县、青海省尖扎县、陕西省佛坪县、陕西省山阳县、四川省小金县6个贫困县的调查数据为研究对象，考察就具体贫困县而言财政扶贫资金、农村居民就业和贫困改善之间的关系，对第3章提出的财政—就业—贫困（减贫）传导机制进行进一步验证，作为6.1全国层面实证研究的有力补充。

6.2.1 模型构建思路

本节使用以下函数来表示县级财政扶贫支出、农村居民就业与贫困改善之间的关系：

$$Y = f(x_1, x_2, x_3, \cdots, x_n; z_1, z_2, z_3, \cdots, z_n) \tag{6.7}$$

其中：右边 $x_1, x_2, x_3, \cdots, x_n$ 分别表示不同的财政扶贫资金支出分项，$z_1, z_2, z_3, \cdots, z_n$ 分别表示就业情况的各类代理变量，左边 Y 表示贫困改善情况。由于县级数据获取难度较大，县级的样本量受到一定限制，为了保证回归的自由度，使用尽可能少的自变量。

与 6.1 全国层面实证研究类似，6.2 首先分析财政扶贫资金及其分项对贫困改善的影响，然后分析财政扶贫资金及其各分项对就业数量、就业质量和就业环境的影响，最后考察财政扶贫资金通过改善就业提高农民收入的传导机制，以考察县级层面的中介传导效应是否成立。此外，为充分利用县级数据的优势，本节对其他影响就业状况的因素进行了分析，考察了就业者素质、传统农业岗位数量、传统农业的技术进步程度和农村居民从事现代农业的积极性对农村就业的影响，形成关于财政扶贫资金影响就业的补充分析。

计量模型与 6.1 全国层面实证研究一致。

6.2.2　样本数据与描述性统计

本节选取的样本区间为 2006～2015 年，数据均来自贫困县实地调研。为了避免异方差等影响，对各变量取自然对数。

在财政支出指标选取方面，选取县级财政投入中与农村发展相关性较大的两项财政资金：财政扶贫专项资金和支持农业生产资金。(1) 财政扶贫专项资金包括财政发展资金、以工代赈资金、少数民族发展资金、三西资金、扶贫贷款贴息资金和其他（包括实用技术培训项目等支出），其中财政发展资金和以工代赈资金占比最大，财政发展资金、以工代赈资金、扶贫贷款贴息资金、其他（实用技术培训项目）四个分项的数据较全。以四川省小金县 2015 年的财政数据为例，财政专项扶贫资金 3892.39 万元，其中财政发展资金 3331.39 万元（占比 85.59%），以工代赈资金 204 万元（占比 5.24%），扶贫贷款贴息资金 156 万元（占比 4.01%），其他项 30 万元（占比 0.77%）。本书在对财政扶贫专项资金的分项进行分析时，选取了财政发展资金、以工代赈资金、扶贫贷款贴息资金、其他（实用技术培训项目）四个分项。（2）支持农业生产资金包括良种补贴、粮食直补、农资综合补贴等“三补贴”，产粮大县奖励资金，现代农业生产发展资金，农业综合开发资金，小型农田水利设施建设补助资金，农田水利建设资金和其他用于支持农业发展的资金。在本书的样本中，良种补贴、粮食直补、农资综合补贴等“三补贴”占主要部分，产粮大县奖励资金几乎为零，其他几项在不同县的比重各有不同。从数据来看，现代农业生产发展资金和农业综合开发资金的数据缺失较少。因此本书在对支持农业生产资金的分项进行分析时，选取了良种补贴、粮食直补、农资综合补贴等“三补贴”，现代农业生产发展资金和农业综合开发资金三个分项。

在因变量贫困（减贫）指标选取方面，选取农村居民家庭人均纯收入作为贫困程度的衡量指标，原因和依据一是贫困的特征是低收入，我国贫困线的划定基准是收入水平，二是如

6.1 所述，许多学者也都使用收入水平作为反映贫困程度的指标，郭熙保和罗知（2008）使用 20% 低收入户农村居民人均可支配收入来反映我国的农村贫困程度，赖小妹和徐明（2018）借鉴郭熙保等做法以此作为衡量我国农村贫困程度的指标，对农村居民家庭人均纯收入与农村和全国 20% 低收入户人均可支配收入进行相关性分析，Pearson 相关系数分别为 0.996 和 0.999，均在 1% 的水平下显著，因此可用农村居民家庭人均纯收入作为 20% 低收入户农村居民人均可支配收入的替代指标。本节借鉴赖小妹和徐明的做法，用农村居民家庭人均纯收入衡量我国农村贫困程度。

在就业指标选取方面，本节继续选取农村就业人数反映就业数量，农村居民家庭人均纯收入中工资性收入和经营性收入反映就业质量，农村就业数量中非农林牧渔就业数量反映就业环境。选取这些变量的原因与依据与 6.1 相同，不再赘述。

此外，在分析财政支出对农村居民就业的影响机制时，我们根据已有数据还选取了四个指标：就业者素质、传统农业岗位数量、传统农业技术进步程度和农村居民从事现代农业的积极性，其中就业者素质以当年接受技能培训人次衡量，传统农业岗位数量以农作物总播种面积作为代理变量，传统农业技术进步程度以农作物的耕种收综合机械化水平衡量，农村居民从事现代农业积极性以全县新发展种养大户数量衡量。

主要变量说明和数据描述性统计分别见表 6－9 和表6－10：

表 6－9　　县级数据主要变量解释说明

	变量	变量解释
主要财政扶贫资金	lnfisfund	财政扶贫专项资金的自然对数
	lnagfund	农业发展资金的自然对数
财政扶贫专项资金分项	lndev	财政发展资金的自然对数
	lnlab	以工代赈资金的自然对数
	lnret	扶贫贷款贴息资金的自然对数
	lnother	其他（实用技术培训项目）的自然对数
农业发展资金分项	lnsub	良种补贴、粮食直补、农资综合补贴等“三补贴”的自然对数
	lnmod	现代农业生产发展资金的自然对数
	lnagdev	农业综合开发资金的自然对数
农村居民收入水平	lnincome	农村居民家庭人均纯收入的自然对数
就业者素质	numtri	当年接受技能培训人次
传统农业岗位数量	lnamtagr	农作物总播种面积
传统农业技术进步程度	amtmec	农作物的耕种收综合机械化水平
农村居民从事现代农业的积极性	amtdog	全县新发展种养大户
就业质量	lnwageinc	人均纯收入中工资性收入的对数
	lnbusiinc	人均纯收入中经营性收入的对数
就业数量	lnemp	农村就业人数的自然对数
就业环境	lnnonfiemp	农村就业人数中非农林牧渔就业数的自然对数
生产总值	lngdp	县级生产总值

表 6－10　　县级数据主要变量描述性统计

变量	均值	标准差	最小值	最大值
lnfisfund	7.30	0.88	4.79	8.95
lnagfund	7.42	1.18	5.21	9.40
lndev	6.93	1.03	3.85	8.66

续表

变量	均值	标准差	最小值	最大值
lnlab	5.67	0.91	2.64	7.60
lnret	4.21	0.75	2.30	5.47
lnother	4.14	2.09	0.00	6.57
lnsub	6.14	1.60	1.79	8.26
lnmod	4.98	1.72	1.61	7.23
lnagdev	5.87	1.13	0.69	7.24
lnincome	8.14	0.55	7.28	10.05
numtri	2117.00	3402.00	0.70	9780.00
lnamtagr	8.16	2.19	4.18	10.80
amtmec	31.50	13.15	8.50	53.00
amtdog	14.40	16.76	0.00	70.00
lnwageinc	7.07	1.47	2.64	9.72
lnbusiinc	7.20	0.48	6.05	7.91
lnemp	1.65	0.84	0.59	2.90
lnnonfiemp	0.79	0.77	0.02	1.86

本节选取面板数据模型，且对面板模型应选择固定效应还是随机效应，进行 Hausman 检验，检验结果支持固定效应模型。

6.2.3　实证分析

囿于篇幅限制，考虑到 6.1 已对分析步骤与思路进行了完整展现，本节在总体上与 6.1 一致的情况下，对部分分析略作合并，进行了适当精简。

6.2.3.1 财政支出通过就业对减贫影响的机制分析

表6－11分析了财政扶贫专项资金和农业发展资金对农村居民收入水平的影响。由模型〈1〉可见，财政扶贫专项资金（lnfisfund）和农业发展资金（lnagfund）的系数均显著为正，说明财政扶贫资金和农业发展资金都能显著正向影响农村居民收入水平。财政扶贫专项资金每增加1个百分点，农村居民家庭人均纯收入提高0.420个百分点；农业发展资金每增加1个百分点，人均纯收入提高0.247个百分点。由模型〈2〉、模型〈3〉可见，在控制就业数量（lnemp）后，财政支出的系数虽仍然显著但系数有所下降；在控制就业质量（lnwageinc和lnbusiinc）后，财政支出的系数不再显著（控制农村就业环境的回归由于样本量太小，故略去）。可见，扶贫资金能够通过影响就业数量和就业质量影响农村居民收入水平，就业是财政扶贫资金发挥减贫效应的重要途径。

表6－11　　财政扶贫专项资金和农业发展资金的减贫效应

	〈1〉	〈2〉	〈3〉	〈4〉
变量	lnincome	lnincome	lnincome	lnincome
lnfisfund	0.420** (3.15)	0.245* (2.76)	0.422 (0.85)	0.303 (1.41)
lnagfund	0.247** (3.06)	0.187*** (8.41)	0.078 (1.52)	0.024 (0.27)
lnemp		6.167 (1.90)		
lnwageinc			0.567* (2.01)	

续表

	〈1〉	〈2〉	〈3〉	〈4〉
变量	**lnincome**	**lnincome**	**lnincome**	**lnincome**
lnbusiinc				0.776*** (4.68)
lngdp	0.028 (1.24)	0.020 (1.96)	-0.063** (-5.51)	0.062* (2.25)
Constant	2.820*** (4.90)	-10.920 (-1.40)	2.939 (1.24)	-0.262 (-0.33)
Fixed effect	Yes	Yes	Yes	Yes
N	43	34	29	36
R-square	0.713	0.853	0.895	0.843

注：***、**、*分别代表在1%，5%，10%的水平下显著。

6.2.3.2　县级财政支出对农村居民就业的影响

为了更加准确地测度财政扶贫资金对农村就业的影响，本节分析财政扶贫专项资金和农业发展资金对农村就业人数、就业质量和就业环境的影响。

对就业数量的影响结果见表6-12、表6-13、表6-14。表6-12回归结果显示，财政扶贫专项资金和农业发展资金显著正向影响就业数量（模型〈1〉和模型〈2〉），但财政扶贫专项资金的影响效应更加显著（模型〈3〉）。表6-13是财政扶贫专项资金分项的回归结果。分析可知，财政扶贫专项资金中的财政发展资金和其他用于实用技术培训项目的财政扶贫资金能显著正向影响农村就业人数。财政发展资金每增加1个百分点，农村就业人数上升0.016个百分点；用于实用技术培训项目的资金每增加

1个百分点，农村就业人数上升0.008个百分点。表6－14是农业发展资金分项的回归结果。分析可知，现代农业生产发展资金能显著正向影响农村就业人数。现代农业生产发展资金每增加1个百分点，农村就业人数上升0.020个百分点。

表6－12　财政扶贫专项资金和农业发展资金对就业数量的影响

	〈1〉	〈2〉	〈3〉
变量	lnemp	lnemp	lnemp
lnfisfund	0.025*** (4.33)		0.019** (2.58)
lnagfund		0.019* (2.41)	0.009 (1.50)
lngdp	－0.002 (－1.90)	－0.0002 (－0.23)	－0.002** (－2.91)
Constant	2.372*** (57.34)	2.372*** (34.88)	2.339*** (44.81)
Fixed effect	Yes	Yes	Yes
N	48	48	48
R－square	0.999	0.999	0.999

注：***、**、*分别代表在1%，5%，10%的水平下显著。

表6－13　财政扶贫专项资金分项对就业数量的影响

	〈1〉	〈2〉	〈3〉	〈4〉
变量	lnemp	lnemp	lnemp	lnemp
lndev	0.016*** (5.22)			
lnlab		0.005 (1.22)		

续表

	〈1〉	〈2〉	〈3〉	〈4〉
变量	**lnemp**	**lnemp**	**lnemp**	**lnemp**
lnret			-0.002 (-0.18)	
lnother				0.008* (2.77)
lnagfund	0.009 (1.69)	0.019* (2.15)	0.009*** (9.67)	-0.003 (-0.32)
lngdp	-0.002** (-3.65)	0.0005 (0.26)	-0.0008 (-0.06)	-0.001* (-3.10)
Constant	2.363*** (49.42)	2.329*** (26.96)	2.485*** (16.07)	0.707*** (14.23)
Fixed effect	Yes	Yes	Yes	Yes
N	48	38	20	17
R - square	0.999	0.999	0.999	0.999

注：***、**、*分别代表在 1%，5%，10% 的水平下显著。

表 6 - 14　　　　农业发展资金分项对就业数量的影响

	〈1〉	〈2〉	〈3〉
变量	**lnemp**	**lnemp**	**lnemp**
lnsub	0.016 (1.42)		
lnmod		0.020* (2.26)	
lnagdev			-0.001 (-0.66)
lnfisfund	0.015 (1.94)	-0.008 (-0.84)	0.025* (2.18)

续表

	(1)	(2)	(3)
变量	lnemp	lnemp	lnemp
lngdp	-0.002*	0.008	-0.003*
	(-2.31)	(2.02)	(-2.13)
Constant	2.323***	2.364***	2.393***
	(26.97)	(40.85)	(29.31)
Fixed effect	Yes	Yes	Yes
N	40	27	33
R - square	0.999	0.999	0.999

注：***、**、*分别代表在1%，5%，10%的水平下显著。

对就业质量的影响结果见表6-15、表6-16、表6-17、表6-18。表6-15、表6-16是分析财政扶贫专项资金分项对就业质量（工资性收入、经营性收入）的影响。从回归结果来看，财政发展资金和扶贫贷款贴息资金越高，工资性收入和经营性收入水平越高。财政发展资金每增加1个百分点，工资性收入上升1.154个百分点，经营性收入上升0.409个百分点；扶贫贷款贴息资金每增加1个百分点，工资性收入上升0.348个百分点，经营性收入上升0.485个百分点。表6-17和表6-18是分析农业发展资金分项对就业质量（工资性收入、经营性收入）的影响。从回归结果来看，农业综合开发资金越高，经营性收入越高；其他各分项系数均不显著。农业综合开发资金每增加1个百分点，经营性收入上升0.290个百分点。

表 6－15　　财政扶贫专项资金分项对工资性收入的影响

	〈1〉	〈2〉	〈3〉	〈4〉
变量	lnwageinc	lnwageinc	lnwageinc	lnwageinc
lndev	1.154** (4.84)			
lnlab		－0.046 (－0.18)		
lnret			0.348*** (9.24e＋12)	
lnother				－0.147 (－0.25)
lnagfund	0.034 (0.46)	0.376 (2.00)	0.171*** (2.66e＋13)	1.047 (0.67)
lngdp	0.062 (2.29)	0.198** (3.19)	0.353*** (2.74e＋13)	0.184 (1.71)
Constant	－4.565** (－4.45)	－0.548 (－0.32)	－2.997*** (－1.41e＋13)	－3.695 (－0.53)
Fixed effect	Yes	Yes	Yes	Yes
N	29	27	11	11
R－square	0.948	0.884	0.977	0.910

注：***、**、* 分别代表在 1%，5%，10% 的水平下显著。

表 6－16　　财政扶贫专项资金分项对经营性收入的影响

	〈1〉	〈2〉	〈3〉	〈4〉
变量	lnbusiinc	lnbusiinc	lnbusiinc	lnbusiinc
lndev	0.409* (2.24)			
lnlab		－0.096 (－0.71)		

续表

	〈1〉	〈2〉	〈3〉	〈4〉
变量	**lnbusiinc**	**lnbusiinc**	**lnbusiinc**	**lnbusiinc**
lnret			0.485** (5.45)	
lnother				-0.037 (-0.35)
lnagfund	0.318** (3.99)	0.449*** (5.06)	0.274*** (12.17)	0.335 (2.04)
lngdp	-0.058** (-4.34)	-0.005 (-0.11)	0.274*** (10.43)	-0.006 (-0.26)
Constant	2.500* (2.72)	4.285*** (5.12)	1.803* (4.13)	5.997** (8.06)
Fixed effect	Yes	Yes	Yes	Yes
N	36	31	12	12
R - square	0.715	0.657	0.848	0.882

注：***、**、*分别代表在1%，5%，10%的水平下显著。

表6-17　　农业发展资金分项对工资性收入的影响

	〈1〉	〈2〉	〈3〉	〈4〉
变量	**lnwageinc**	**lnwageinc**	**lnwageinc**	**lnwageinc**
lnsub	0.226 (0.84)			
lnmod		0.128 (0.88)		
lnagdev			0.093 (0.48)	
lnagfund				0.037 (0.30)

续表

	(1)	(2)	(3)	(4)
变量	lnwageinc	lnwageinc	lnwageinc	lnwageinc
lnfisfund	1.027 (2.20)	0.952 (1.50)	0.935 (1.00)	1.238* (3.57)
lngdp	0.065 (1.54)	0.099 (1.07)	0.079 (0.80)	0.056 (1.39)
Constant	-1.247 (-0.79)	-0.603 (-0.23)	-4.236 (-0.96)	-1.714 (-1.21)
Fixed effect	Yes	Yes	Yes	Yes
N	26	18	21	24
R - square	0.854	0.863	0.932	0.832

注：***、**、* 分别代表在 1%，5%，10% 的水平下显著。

表 6-18　　农业发展资金分项对经营性收入的影响

	(1)	(2)	(3)	(4)
变量	lnbusiinc	lnbusiinc	lnbusiinc	lnbusiinc
lnsub	0.156 (0.84)			
lnmod		0.066 (0.45)		
lnagdev			0.290* (2.70)	
lnagfund				0.062 (0.61)
lnfisfund	0.549 (1.49)	0.344** (3.58)	0.223** (2.92)	0.584 (1.71)
lngdp	-0.063 (-2.21)	-0.033 (-1.37)	-0.041** (-3.32)	-0.081* (-2.88)

续表

	〈1〉	〈2〉	〈3〉	〈4〉
变量	lnbusiinc	lnbusiinc	lnbusiinc	lnbusiinc
Constant	2. 972 (1. 40)	4. 906 *** (6. 46)	4. 396 *** (9. 02)	4. 010 (1. 94)
Fixed effect	Yes	Yes	Yes	Yes
N	32	24	28	26
R - square	0. 473	0. 590	0. 776	0. 413

注：***、**、* 分别代表在 1%，5%，10% 的水平下显著。

对就业环境的影响结果见表 6 - 19。若就业环境得到改善，则农村劳动力流向城市的阻力更小，非农林牧渔就业人数将明显增加。分析可知，财政扶贫专项资金和农业发展资金均能显著正向影响农村非农林牧渔就业人数（模型〈1〉和模型〈2〉），农业发展资金的影响效应更加显著（模型〈3〉）。财政扶贫专项资金每增加 1 个百分点，农村非农林牧渔就业人数上升 0. 096 个百分点；农业发展资金每增加 1 个百分点，农村非农林牧渔就业人数上升 0. 169 个百分点。

表 6 - 19　财政扶贫专项资金和农业发展资金对就业环境的影响

	〈1〉	〈2〉	〈3〉
变量	lnnonfiemp	lnnonfiemp	lnnonfiemp
lnfisfund	0. 096 * (3. 47)		0. 040 (1. 53)
lnagfund		0. 169 ** (6. 49)	0. 129 ** (7. 07)
lngdp	- 0. 003 (- 1. 08)	- 0. 003 * (- 3. 42)	- 0. 006 * (- 3. 53)

续表

	(1)	(2)	(3)
变量	**lnnonfiemp**	**lnnonfiemp**	**lnnonfiemp**
Constant	1.088** (6.47)	0.362 (1.73)	0.433*** (12.06)
Fixed effect	Yes	Yes	Yes
N	22	22	22
R - square	0.996	0.997	0.998

注：***、**、* 分别代表在 1%，5%，10% 的水平下显著。

6.2.3.3　拓展分析：就业情况的其他影响因素

在县级层面的数据中，本书还发现了一些宝贵的变量数据，这些变量既受到财政资金的影响，又可能会对农村居民就业产生影响。这一段在控制财政扶贫专项资金和农业发展资金的基础上，进一步补充分析就业者素质、传统农业岗位数量、传统农业的技术进步程度和农村居民从事现代农业的积极性对就业人数和就业质量的影响。

表 6-20 是农村就业人数与上述影响因素回归结果。在控制财政扶贫专项资金和农业发展资金的基础上，依次添加就业者素质（numtri）、传统农业岗位数量（lnamtagr）、传统农业的技术进步程度（amtmec）和农村居民从事现代农业的生产积极性（amtdog）变量。从回归结果来看，只有衡量传统农业岗位数量的农作物总播种面积（lnamtagr）能够显著正向影响农村就业人数。说明传统农业的规模扩张有助于创造更多就业机会，促进农业就业。

表 6-20　　就业数量的其他影响因素

	〈1〉	〈2〉	〈3〉	〈4〉
变量	lnemp	lnemp	lnemp	lnemp
numtri	0.000006 (1.84)			
lnamtagr		0.218* (2.32)		
amtmec			0.005 (1.41)	
amtdog				0.003 (2.00)
lnfisfund	0.039 (1.30)	0.010 (2.01)	0.015* (2.49)	0.010 (1.21)
lnagfund	0.002 (0.16)	0.011* (2.52)	-0.004 (-0.78)	0.005 (1.21)
lngdp	-0.004 (-1.48)	-0.003** (-3.69)	-0.003*** (-9.61)	-0.001 (-1.05)
Constant	0.467** (3.21)	1.485** (3.91)	0.547*** (13.22)	0.504*** (15.32)
Fixed effect	Yes	Yes	Yes	Yes
N	28	41	31	24
R-square	0.999	0.999	0.999	0.998

注：***、**、*分别代表在1%，5%，10%的水平下显著。

表6-21、表6-22是农村就业质量与4项影响因素回归结果。从回归结果看，就业者素质（numtri）和传统农业的技术进步程度（amtmec）能够显著正向影响工资性收入和经营性收入水平。即当年接受技能培训人次越多、农作物的耕种收综合机械化

水平越高，工资性收入和经营性收入水平越高。说明通过培训提升劳动力素质和推动传统农业技术进步能够为农村居民带来更多从事非传统农业和传统农业的工作机会，获得更多稳定的工资性收入和经营性收入。而能够显著影响农业就业人数的农作物总播种面积（lnamtagr）的系数则不显著，说明扩大农作物播种面积能够促进农业就业数量但并不能促进收入增加。由于农业在我国低报酬的现实情况，已如第 5 章分析，农村人口在没有农业技术进步的条件下，从事农业生产并不能大幅提高收入，显著减轻贫困。

表 6－21　　　　工资性收入的其他影响因素

	〈1〉	〈2〉	〈3〉	〈4〉
变量	lnwageinc	lnwageinc	lnwageinc	lnwageinc
numtri	0.00008* (2.81)			
lnamtagr		－0.136 (－0.06)		
amtmec			0.053* (2.14)	
amtdog				0.006 (0.41)
lnfisfund	0.938 (1.57)	1.233* (2.48)	0.918 (1.26)	0.629 (0.86)
lnagfund	0.146 (0.74)	0.078 (0.41)	－0.029 (－0.29)	0.778** (4.34)
lngdp	0.080 (1.16)	0.051 (0.93)	0.061 (0.86)	0.072 (0.95)

续表

	〈1〉	〈2〉	〈3〉	〈4〉
变量	**lnwageinc**	**lnwageinc**	**lnwageinc**	**lnwageinc**
Constant	-4.584 (-1.75)	-0.853 (-0.05)	0.076 (0.02)	-3.440 (-1.38)
Fixed effect	Yes	Yes	Yes	Yes
N	29	26	26	16
R-square	0.913	0.824	0.866	0.859

注：***、**、*分别代表在1%，5%，10%的水平下显著。

表6-22　经营性收入的其他影响因素

	〈1〉	〈2〉	〈3〉	〈4〉
变量	**lnbusiinc**	**lnbusiinc**	**lnbusiinc**	**lnbusiinc**
numtri	0.00004* (2.91)			
lnamtagr		-0.255 (-0.21)		
amtmec			0.083** (6.98)	
amtdog				0.030** (31.89)
lnfisfund	0.387 (1.71)	0.320 (1.45)	-0.019 (-0.11)	-0.242 (-0.70)
lnagfund	0.348** (3.36)	0.358* (2.93)	0.158** (5.76)	0.681 (2.02)
lngdp	-0.057** (-5.68)	-0.049** (-3.72)	-0.048* (-2.75)	-0.017 (-0.75)
Constant	3.446* (2.73)	3.734 (0.68)	5.366** (7.99)	3.197* (8.40)
Fixed effect	Yes	Yes	Yes	Yes
N	30	32	26	16
R-square	0.667	0.623	0.889	0.740

注：***、**、*分别代表在1%，5%，10%的水平下显著。

此外，表 6－22 回归结果还显示，衡量农村居民从事现代农业积极性的新发展种养大户数量（amtdog）能够显著正向影响经营性收入水平，说明提升从事现代农业的积极性将有助于增加农村居民从农业就业中获得的收入。

6.2.4　本节小结

本节利用我国 6 个贫困县 2006～2015 年的实地调研数据，对财政扶贫资金、农村居民就业和贫困改善之间的关系进行了实证分析。从具体贫困县的角度，再次验证了财政—就业—贫困（减贫）传导机制，发现以下结论：

第一，财政扶贫资金能够通过影响就业数量和就业质量影响农村居民收入水平，从而改善贫困状况，就业是财政扶贫资金发挥减贫效应的重要途径。

第二，财政扶贫资金能够显著影响农村就业数量，其中财政扶贫专项资金的影响效应更加显著。就分项而言，财政扶贫专项资金中的财政发展资金和其他用于实用技术培训项目的财政扶贫资金、农村发展资金中的现代农业生产发展资金能够显著正向影响农村就业数量。

第三，财政扶贫资金能够显著影响农村就业质量和就业环境。财政发展资金和扶贫贷款贴息资金越高，工资性收入和经营性收入水平越高；农业综合开发资金越高，经营性收入越高。财政扶贫专项资金和农业发展资金投入越多，农村非农林牧渔就业人数就多，其中农业发展资金的影响效应更加显著。

第四，提升就业者素质、推动传统农业技术进步、调动农村居民从事现代农业的积极性能够增加工资性或经营性收入水平，而在现有条件下，若无技术进步，仅从事低附加值、低报酬的传统农业生产，无法有效提升农村居民收入水平。这与第 3 章理论分析中关于提高就业质量、到高附加值的产业领域就业具有显著减贫效应，而在低附加值产业就业其减贫效应低，与第 5 章关于我国当前传统农业附加值低、回报低的现状分析相吻合。这再次证实，提高就业质量对减贫的重要性，反映出提高人口整体素质、提高农村教育水平非常必要。

6.3 财政提升人力资本投资均等化的就业减贫效应分析

本节从财政支出均等化程度的角度研究财政—就业—贫困（减贫）传导机制，分析财政支出均等化的就业减贫效应，作为 6.1、6.2 总量研究的补充。

具体来说，基于第 3 章中人力资本投资影响就业质量进而影响贫困传导机制的理论分析结论，对这一传导机制进行实证研究。在当前强调公共产品均等化特别是教育资源均等化的条件下，有必要对均等化带来的就业减贫效应进行专门研究。按照第 3 章的理论分析，人力资本是决定劳动力收入和就业的关键变量，生产量和生产率提高的重要原因不是土地、劳动力数量或资本存量的增加，而是人的知识、能力和技术水平的提高，改善就业、增加农村居民收入的关键在于加强人力资本投资，增加并均衡促进人与社会发展的教育等公共产品供给。

由于6.1和6.2是面板数据分析，本节是时间序列分析，所以研究方法有所差异，本节采用协整检验和构建向量误差修正模型的实证研究方法，并进行了 Granger 因果检验、脉冲响应分析和方差分解。

6.3.1　模型设定、指标选取与数据来源

6.3.1.1　模型设定

由于传统的结构化经济计量模型皆以经济理论为基础，需严格区分外生变量和内生变量，但是可能会因经济理论不完善或外生变量和内生变量设定错误而导致估计偏差，因此，为避免伪回归现象的发生，本节采用不以经济理论为基础的向量自回归（VAR）模型来单独估计资金投入、就业质量与农村贫困（减贫）之间的动态关系。

建立 VAR 模型，表达式为：

$$Y_t = A_1 Y_{t-1} + A_2 Y_{t-2} + \cdots + A_p Y_{t-p} + BX_t + \mu_t \quad (t=1, 2, \cdots, n) \tag{6.8}$$

其中，Y_t 为 k 维内生变量向量，X_t 是 d 维外生变量向量，n 是样本个数，A_1，$A_2 \cdots$，A_p 是 $k \times k$ 维待估系数矩阵，B 是 $k \times d$ 维待估计系数矩阵，μ_t 是 k 维扰动向量，p 为滞后阶数。

若不考虑外生变量的存在，则构建的 VAR 模型为非限制性向量自回归（VAR）模型，表达式为：

$$Y_t = A_1 Y_{t-1} + A_2 Y_{t-2} + \cdots + A_p Y_{t-p} + \mu_t \quad (t=1,\ 2,\ \cdots,\ n) \tag{6.9}$$

建立 VAR 模型一般要求所有变量的原序列是平稳序列，如果原序列非平稳，则不适合建立 VAR 模型，对于具有协整关系的非平稳时间序列，可以建立向量误差修正（VEC）模型（被认为是含有协整约束的 VAR 模型），其表达式为：

$$\Delta Y_t = \alpha ecm_{t-1} + \sum_{i=1}^{p-1} T_t Y_{t-I} + BX_t + \mu_t (t = 1,2,\cdots,n) \tag{6.10}$$

其中，ΔY_t 是 k 维一阶差分内生变量向量，ecm_{t-1}是误差修正项，反映变量之间的长期均衡关系，α 是误差修正项的系数向量，反映变量之间的均衡关系偏离长期均衡状态时，将其调整到均衡状态的速度。T_t 为解释变量差分项的系数，反映各变量的短期波动对被解释变量的短期变化的影响。同时，不包含外生变量的 VEC 模型，其表达式为：

$$\Delta Y_t = \alpha ecm_{t-1} + \sum_{i=1}^{p-1} T_t Y_{t-I} + \mu_t (t = 1,2,\cdots,n) \tag{6.11}$$

6.3.1.2　变量选取

（1）人力资本投资指标（md）。

①指标选取的理论依据：要对财政支出、就业质量与农村贫困之间的关系进行量化分析，需要选择一个较为典型、能够代表或衡量财政提升就业质量的支出指标。根据人力资本理论，人力资本是一个能够决定劳动力收入和就业的关键变量，人力资本投

资最重要的是教育支出。舒尔茨发现生产量和生产率提高的重要原因是人的知识、能力和技术水平的提高；贝克尔提出劳动力的个人收入同受教育时间长短密切相关。因此，本节选取教育经费作为财政提升就业质量的支出指标。

②由于各地人口数量不同，如果直接以各地教育经费额的地区差异反映非均等化程度，显然不合理，为此我们考察人均教育经费的地区差异（非均等化）程度。一般说来，方差 σ^2 是反映离散程度即非均等化程度的主要指标，但由于方差是绝对量，其大小受到变量本身取值大小的影响，为了消除方差作为绝对量包含的总规模变动影响，选用变异系数作为反映离散程度的指标：变异系数 $= \frac{\sigma}{\mu}$，即 $\frac{\text{标准差}}{\text{均值}}$，变异系数越大，离散程度越大，均等化程度越低。

综上，本节使用人均教育经费的变异系数衡量人力资本投资的非均等化程度。

（2）就业质量指标（emp）。采用多维就业质量指数，对其测量维度包含的指标进行极值化处理后相加，得出就业质量指标。公式为：$x_i^{nor} = \sum_{j=1}^{2} x_{ij}^{nor}$，$x_{ij}^{nor} = (x_{ij} - min_j) / (max_j - min_j)$，（i=1，2，…，n；j=1，2）。$x_{ij}^{nor}$为极值化后的就业质量客观指标，下标 i 代表年度，j 代表就业质量的不同测量维度：①农村居民工资性收入（j=1），用年收入表示，该指标值增加，反映其在劳动力供求市场上获得了更加有利的地位，或技术熟练程度得到提高，或岗位得到晋升，就业质量提高；②农村居民经营性收入（j=2），用年收入表示，该指标值增加，反映农村居民生产经营规模扩大，经营向好，就业质量提高。min_j 为 j 维度指标的最小值，max_j 为 j 维度指标的最大值。对各指标等权平均获得客观就业质量指数。

（3）农村贫困指标（cpc）。与6.2贫困县实证相同，本节采用农村居民家庭人均纯收入作为衡量我国农村贫困水平和减贫程度的指标，即贫困的主要特征是低收入。

变量定义及解释说明见表6-23。

表6-23　　　　时间序列数据变量解释说明

	变量	变量解释
人力资本投资非均等化程度	md	各地区人均教育经费的变异系数，变异系数 = $\frac{\sigma}{\mu}$，即$\frac{标准差}{均值}$
就业质量	emp	客观就业质量指数，公式为：$x_i^{nor} = \sum_{j=1}^{2} x_{ij}^{nor}$，$x_{ij}^{nor} = (x_{ij} - min_j) / (max_j - min_j)$，$(i=1, 2, \cdots, n; j=1, 2)$。$x_{ij}^{nor}$为极值化后的就业质量客观指标，下标 i 代表年度，j 代表就业质量的不同测量维度：①农村居民工资性收入（j=1），用年收入表示，该指标值增加，反映其在劳动力供求市场上获得了更加有利的地位，或技术熟练程度得到提高，或岗位得到晋升，就业质量提高；②农村居民经营性收入（j=2），用年收入表示，该指标值增加，反映农村居民生产经营规模扩大，经营向好，就业质量提高。min_j 为 j 维度指标的最小值，max_j 为 j 维度指标的最大值
农村贫困	cpc	农村居民家庭人均纯收入

6.3.1.3 数据来源

鉴于我国教育经费从 1996 年开始统计，使用 1996 ~ 2018 年的时间序列数据进行实证分析。各地区教育经费、各地区人口数、农村居民工资性收入、农村居民经营性收入、农村居民家庭人均纯收入来自历年《中国统计年鉴》。

6.3.2 实证分析

6.3.2.1 单位根检验

为了避免由于经济时间序列的不平稳而导致的伪回归现象出现，采用 ADF 单位根检验来确定变量的平稳性，具体检验结果见表 6 – 24。cpc、md、emp 分别表示农村贫困水平、人力资本投资离散程度和就业质量，Dcpc、Dmd 和 Demp 代表其一阶差分。ADF 单位根检验结果显示，cpc 在 1% 的显著性水平下、md 和 emp 在 10% 的显著性水平下满足一阶平稳条件，即 cpc、md、emp 均为一阶单整序列，达到了平稳性要求。

表 6 – 24 ADF 单位根检验结果

变量	ADF 统计量	检验类型 (C, T, L)	临界值 (1%)	临界值 (5%)	临界值 (10%)	结论
cpc	1.28	(C, T, 4)	–4.50	–3.66	–3.27	非平稳
D (cpc)	–4.94***	(C, T, 4)	–4.50	–3.66	–3.27	平稳
md	–0.37	(C, 0, 4)	–3.79	–3.01	–2.65	非平稳

续表

变量	ADF 统计量	检验类型 (C，T，L)	临界值 (1%)	临界值 (5%)	临界值 (10%)	结论
D（md）	-2.96*	(C，0，4)	-3.31	-3.02	-2.65	平稳
emp	-0.74	(C，T，4)	-4.47	-3.65	-3.26	非平稳
D（emp）	-3.63*	(C，T，4)	-4.50	-3.66	-3.27	平稳

注：***、**、*分别代表在1%，5%，10%的水平下显著；检验类型（C，T，L）分别代表截距项、趋势项和滞后阶数。

6.3.2.2 协整检验

本节通过构建Johansen协整方程来考察人力资本投资离散程度、就业质量与农村贫困水平的长期稳定关系。由于Johansen协整方程是基于VAR模型构建的，构建协整方程前首先进行基于VAR模型的协整检验，检验结果如表6-25所示。通过分析表6-25可知，三个VAR模型均拒绝了“变量不存在协整关系”的原假设，均接受了“至多有一个变量存在协整关系”的原假设。因此，变量存在协整关系，且协整秩均为1。

表6-25　Johansen协整检验

	原假设	特征值	迹统计量	5%临界值	P值
cpc	None	0.62	19.51	15.49	0.01
md	At most 1	0.01	0.24	3.84	0.62
cpc	None	0.60	18.72	15.49	0.02
emp	At most 1	0.01	0.23	3.84	0.63
emp	None	0.59	27.25	25.87	0.03
md	At most 1	0.37	9.36	12.52	0.16

表 6-26 为基于 VAR 模型构建的协整方程。分析表 6-26 可知，在 1% 的显著性水平下，cpc 与 md、cpc 与 emp、emp 与 md 之间各存在一个协整关系，表明人力资本投资离散程度、就业质量与农村贫困水平之间存在长期均衡关系。由协整方程可知，长期来看，cpc 与 md 之间呈显著负相关关系，cpc 与 emp 之间呈显著正相关关系，emp 与 md 之间呈显著负相关关系。同时，系数表明，人力资本投资离散程度增加 1 个单位，农村居民家庭人均纯收入降低 12173.99 个单位，就业质量指数下降 2.1 个单位，而就业质量指数下降 1 个单位，农村居民家庭人均纯收入降低 5979.25 个单位。这说明，长期来看，降低人力资本投资离散程度，提高其均等化程度，不仅可以提高农村居民家庭人均纯收入，还可以通过提高就业指数，间接降低农村贫困水平。

表 6-26　协整方程

VAR 系统	协整方程	
cpc	cpc = -12173.99 × md + 12537.69	F - statistic = 35.53
md	(-5.96)	Prob (F - statistic) = 0.00
cpc	cpc = 5979.25 × emp + 1895.73	F - statistic = 4317.18
emp	(65.71)	Prob (F - statistic) = 0.00
emp	emp = -2.10 × md + 1.82	F - statistic = 42.75
md	(-6.54)	Prob (F - statistic) = 0.00

注：括号内数值为对应系数的 t 统计值。

6.3.2.3　向量误差修正（VEC）模型

在确定了人力资本投资离散程度、就业质量与农村贫困水平之间的长期均衡关系后，基于上述 Johansen 协整检验，建立向量误差修正（VEC）模型继续考察变量之间的短期动态关系，具体结果见表6－27。

表6－27　误差修正模型估计结果

	D（cpc）		D（emp）
	模型〈1〉	模型〈2〉	模型〈3〉
VECM	－0.008 （－4.07）	0.125 （3.17）	0.025 （2.98）
D（cpc（－1））	－1.006 （－2.98）	－0.458 （－1.47）	
D（cpc（－2））	－2.050 （－2.31）	－0.253 （－0.64）	
D（emp（－1））	4822.787 （3.41）		0.325 （1.40）
D（emp（－2））	7629.311 （2.08）		－0.338 （－1.36）
D（md（－1））		－92.777 （－0.13）	－0.037 （－0.36）
D（md（－2））		61.117 （0.09）	0.015 （0.15）
Constant	1065.334 （4.22）	957.819 （3.33）	0.094 （3.53）
R2	0.917	0.887	0.878
F	28.69	20.47	18.68

注：（－k）表示k阶滞后，D表示差分，括号内数值为统计量t值。

在VEC模型中，VECM为误差修正项，反映变量之间的均衡关系偏离长期均衡状态时，将其调整到均衡状态的力度。模型〈1〉的误差修正项系数为－0.008，即考虑就业质量（emp）对农村贫困水平（cpc）的影响时，当cpc短期波动偏离长期均衡状态时，误差修正模型将以－0.008的速度对其进行负向的调整，直至将其调整到均衡状态。emp差分项滞后一期和滞后二期的系数均显著为正，表明在短期内，就业质量的提高能够显著提高农村居民家庭人均纯收入水平，即降低农村贫困水平，与长期协整分析的结果一致。模型〈2〉的误差修正项系数为0.125，即考虑人力资本投资离散程度（md）对农村贫困水平（cpc）影响时，当cpc短期波动偏离长期均衡状态时，误差修正模型将以0.125的速度对其进行正向的调整，直至将其调整到均衡状态。md差分项滞后一期和滞后二期的系数均不显著，表明在短期内，人力资本投资离散程度并不影响农村贫困水平，与长期协整分析的结果不同。模型〈3〉的误差修正项系数为0.025，即考虑人力资本投资离散程度（md）对就业质量（emp）的影响时，当emp短期波动偏离长期均衡状态时，误差修正模型将以0.025的速度对其进行正向的调整，直至将其调整到均衡状态。md差分项滞后一期和滞后二期的系数不显著，表明在短期内，人力资本投资离散程度并不影响就业质量，与长期协整分析的结果不同。

人力资本投资离散程度在长期内影响就业质量和农村贫困水平、在短期内不影响，说明人力资本投资从投入到显现效果有一个过程，可能与人的能力提高、素质提升需要一段培养时间有关，印证了“十年树木，百年树人”的规律。

6.3.2.4 Granger因果检验

上文确定了cpc与emp、cpc与md、emp与md之间的长期均衡与短期动态的关系，但并不能说明他们之间存在因果关系，接下来采用 Granger 因果检验方法进一步确定它们之间是否存在因果关系。由于变量是协整序列，因此，在构建的 VEC 模型基础上进行 Granger 因果检验。具体检验结果见表 6－28。

表 6－28 Granger 因果检验结果

原假设	F 统计量	P 值	结论
emp 不是 cpc 的 Granger 原因	5.27	0.02	emp 是 cpc 的 Granger 原因
cpc 不是 emp 的 Granger 原因	0.08	0.92	cpc 不是 emp 的 Granger 原因
md 不是 cpc 的 Granger 原因	5.95	0.01	md 是 cpc 的 Granger 原因
cpc 不是 md 的 Granger 原因	0.03	0.97	cpc 不是 md 的 Granger 原因
md 不是 emp 的 Granger 原因	3.93	0.04	md 是 emp 的 Granger 原因
emp 不是 md 的 Granger 原因	1.03	0.38	emp 不是 md 的 Granger 原因

表 6－28 显示，人力资本投资离散程度（md）和就业质量（emp）均为农村贫困水平（cpc）的 Granger 原因，而农村贫困水平（cpc）不是人力资本投资离散程度（md）和就业质量（emp）的 Granger 原因，与前文分析结论（长期）一致，即降低人力资本投资离散程度和提高就业质量，能够有效减少农村贫困水平。同时，人力资本投资离散程度（md）是就业质量（emp）的 Granger 原因，而就业质量（emp）不是人力资本投资离散程度（md）的 Granger 原因，说明降低人力资本投资离散程度，不仅可以直接提高农村居民家庭人均纯收入，还可以通过提高就业质量，间接降低农村贫困水平。

6.3.2.5 脉冲响应

基于 VEC 模型，本节继续利用脉冲响应函数对各变量之间的互动关系进行分析，具体结果见表 6 - 29。表 6 - 29 显示，给人力资本投资离散程度（md）一个单位的正向冲击，将产生一个近似线型的曲线，第一期开始就对农村贫困水平（cpc）产生一个负向影响，随后这个负向影响逐渐增加，没有趋于 0 的迹象。给就业质量（emp）一个单位的正向冲击，将产生一个波动型曲线，从第一期开始就对农村贫困指标（cpc）产生一个正向的影响，随后这个正向的影响呈波动变化，没有趋于 0 的迹象。这表明，与前文分析结论一致，降低人力资本投资离散程度和提高就业质量，对减少农村贫困存在较为长期的影响。

表 6 - 29　　脉冲响应函数

时期	cpc to md	cpc to emp	emp to md
1	0. 00	0. 00	0. 00
2	- 83. 47	136. 35	- 0. 01
3	- 139. 81	290. 08	- 0. 03
4	- 206. 84	112. 21	- 0. 04
5	- 291. 49	206. 77	- 0. 06
6	- 372. 03	630. 66	- 0. 07
7	- 455. 81	182. 18	- 0. 08
曲线形状	线型	波动型	线型

同时，给人力资本投资离散程度（md）一个单位的正向冲击，同样产生一个近似线型的曲线，第一期开始就对就业质量（emp）产生一个负向影响，随后这个负向影响逐渐增加，没有趋于 0 的迹象。这表明，降低人力资本投资离散程度，对提高就业质量也存在较为长期的影响，从而从长期看，不仅可以直接提高农村居民家庭人均纯收入，还可以通过提高就业质量，间接降

低农村贫困水平。

6.3.2.6 方差分解

接下来再利用基于 VEC 模型的方差分解，分析降低人力资本投资离散程度（md）对减少农村贫困水平（cpc）、提高就业质量（emp）对减少农村贫困水平（cpc）、降低人力资本投资离散程度（md）对提高就业质量（emp）的贡献度，具体结果见表 6－30。从表 6－30 可以看出：

表 6－30　　方差分解　　（单位：%）

时期	cpc		cpc		emp	
	cpc	md	cpc	emp	emp	md
1	100.00	0.00	100.00	0.00	100.00	0.00
2	87.81	12.19	72.86	27.14	91.45	8.55
3	74.38	25.62	47.15	52.85	75.21	24.79
4	67.76	32.24	69.53	30.47	61.99	38.01
5	60.87	39.13	71.17	28.83	55.15	44.85
6	56.12	43.88	44.28	55.72	51.33	48.67
7	53.31	46.69	60.39	39.61	48.52	51.48
8	51.07	48.93	69.31	30.69	46.43	53.57
9	49.37	50.63	38.90	61.10	45.00	55.00
10	48.12	51.88	48.83	51.17	44.01	55.99
均值	64.88	35.12	62.24	37.76	61.91	38.09

（1）在短期内，农村贫困（cpc）和就业质量（emp）的均方误差受自身过去值影响较大，说明农村贫困（cpc）、就业质量（emp）具有较强的“惯性”，表明在短期内迅速解决农村贫困问题、提高就业质量是困难的，需要一个过程。就三个变量相互间

关系在前 10 期总体而言，人力资本投资离散程度（md）对就业质量（emp）的影响最大，就业质量（emp）对农村贫困水平（cpc）的影响次之，最后是人力资本投资离散程度（md）直接对农村贫困水平（cpc）的影响，表明人力资本投资离散程度（md）更多地是通过就业质量（emp）间接对农村贫困水平（cpc）施加影响。

（2）从发展趋势看，随着时间的推移，农村贫困（cpc）、就业质量（emp）受以前年度自身惯性的影响逐渐减弱。与此同时，降低人力资本投资离散程度对改善我国农村贫困的贡献度逐渐增大，超过 50%，说明提高人力资本投资均等化程度能够显著降低农村贫困；提高就业质量对改善农村贫困的贡献度同样呈现出随时间推移在逐渐增大的趋势，超过 50%，说明提高就业质量能够显著降低农村贫困；降低人力资本投资离散程度对提高就业质量的效应逐渐递增，也超过 50%，说明提高人力资本投资均等化程度对提高就业质量起到了重要作用。这一趋势进一步表明，提高人力资本投资均等化程度能够通过提高就业质量减轻农村贫困，进一步验证了结论。

6.3.3　本节小结

本节实证分析了提升就业质量的人力资本投资均等化程度（md）、就业质量（emp）与农村贫困（cpc）的关系。结果表明，在长期状态中三者关系显著，人力资本投资均等化程度与农村贫困之间呈显著负相关关系，提高就业质量与改善农村贫困之间呈显著正相关关系，人力资本投资离散程度与就业质量之间呈显著负相关关系。但在短期状态内，人力资本投资均等化的直接与间接减贫效果均不显著。这反映了人力资本投资需要一个从投入到产出的积累过程，印证了“十年树木，百年树人”的规律。Granger因果检验表明，人力资本投资离散程度是就业质量和农村贫困的Granger原因，就业质量是农村贫困的Granger原因，反向因果关系不成立。脉冲响应和方差分解也支持了上述结论，表明提高人力资本投资均等化程度对提升就业质量、改善农村贫困的影响逐年递增，提升就业质量对改善农村贫困的影响逐年递增。以上结论均表明，提高人力资本投资均等化程度能够通过提升就业质量减轻农村贫困。

据此提出建议：(1) 要始终关注、长期重视人力资本投资。(2) 应当提高人力资本投资均等化程度，均衡地区间配置，重点增加对贫困地区人力资本公共产品的投入，提高贫困人口的文化素质与能力，提升其就业质量，以实现减贫之目的。

6.4 稳健性检验

由前文分析可知，6.1全国层面实证研究主要发现教育支出和城乡社区事务支出具有减贫效应，且能够通过改善农村居民就业提高农村居民收入，验证了财政—就业—贫困（减贫）的传导机制。6.2更换样本，以贫困县调研数据为研究对象对上述结论进一步验证；6.3 从财政支出均等化程度视角对上述传导机制进一步分析。本节从另外两个方面对上述研究结论进行稳健性检验：（1）工具变量检验以降低内生性对本章结论的影响；（2）就业作为财政—贫困（减贫）传导机制的中介效应检验。

6.4.1　工具变量检验

考虑到农村居民收入水平越高，越有可能投资县乡村建设，因此农村居民收入水平与城乡社区事务支出之间可能存在着一定的内生性关联。为了增强研究结果的稳健性，本节选取“农村用电量”作为农村建设（城乡社区事务支出）的工具变量，对表 6 – 4 发现的结论进一步验证。

工具变量第二阶段回归结果见表 6 – 31 所示。从表 6 – 31 可知，在考虑内生性因素的影响下，城乡社区事务支出仍然能够显著正向影响 20% 低收入户农村居民人均可支配收入、农村居民人均消费支出和农村居民家庭人均纯收入；教育支出能够显著正向影响农村居民人均消费支出和农村居民家庭人均纯收入。表 6 – 4 发现的结论被进一步验证。

表 6 – 31　　工具变量第二阶段回归结果

	〈1〉	〈2〉	〈3〉
变量	lnlowinc	lnconsume	lnnetincome
lncom	0.728*** (5.64)	0.928*** (9.77)	0.734*** (9.96)

续表

	(1)	(2)	(3)
变量	lnlowinc	lnconsume	lnnetincome
lnedu	0.205 (0.79)	1.105*** (6.51)	1.023*** (8.00)
lnrml	0.106 (1.59)	-0.103** (-2.23)	-0.088** (-2.51)
lnfar1	-0.699** (-2.37)	-1.384*** (-5.94)	-1.188*** (-6.90)
lnagr	-0.078 (-1.44)	-0.021 (-0.37)	0.010 (0.22)
lnrpop	-0.223*** (-4.70)	-0.234*** (-3.75)	-0.244*** (-5.02)
Constant	10.880*** (13.71)	11.579*** (18.64)	11.389*** (26.06)
Chi2	470.35***	1124.50***	1255.76***
N	82	251	251
R - square	0.803	0.735	0.797
Instrumented：lncom			
Instruments：lnedu lnrml lnfar1 lnagr lnrpop lnrelec			

注：***、**、*分别代表在1%，5%，10%的水平下显著。

同时，本节对工具变量的有效性进行了检验，检验结果见表6-32。从表6-32可知，工具变量通过识别不足、弱工具变量和Hausman检验，即不存在识别不足和弱工具变量问题，且城乡社区事务支出具有内生性问题、需通过工具变量回归降低这一影响。

表 6－32　　　　　　　　　　工具变量有效性检验

检验	统计量	lnlowinc	lnconsume	lnnetinc
Underidentification test	Kleibergen－Paap rk LM statistic	18.217	61.886	61.886
	Chi－sq （1） P－val	0.000	0.000	0.000
Weak identification test	Cragg－Donald Wald F statistic	49.562	86.712	86.712
	Kleibergen－Paap rk Wald F statistic	57.186	104.622	104.622
	Stock－Yogo weak ID test critical values			
	10% maximal IV size	16.380	16.380	16.380
	15% maximal IV size	8.960	8.960	8.960
	20% maximal IV size	6.660	6.660	6.660
	25% maximal IV size	5.530	5.530	5.530
Hansen J statistic	Overidentification test of all instruments	0.000	0.000	0.000
Hausman Test	Hausman Chi2	51.840	37.280	49.19
	Prob > Chi2	0.000	0.000	0.000

6.4.2　中介效应检验

参照 Bochkay et al. （2018）[①] 的做法，本节通过 Sobel Test (Sobel, 1982)[②]，检验就业作为财政支出影响农村居民收入的中介效应是否存在。Sobel 检验结果汇总如表 6－33 所示。分析

① Bochkay K, Chychyla R, Sankaraguruswamy S, Willenborg M. *Management disclosures of going concern uncertainties: The case of initial public offerings* [J]. The Accounting Review, 2018, 93 (6): 29－59.

② Sobel M E. *Asymptotic confidence intervals for indirect effects in structural equation models* [J]. Sociological Methodology, 1982, 13: 290－312.

表 6－33可知，教育支出和城乡社区事务支出通过影响就业数量、就业质量、就业环境影响农村居民收入水平的中介效应基本都显著，验证了财政—就业—贫困（减贫）传导机制的存在。

表 6－33　　中介效应检验

解释变量	中介变量	被解释变量	中介效应	总效应	比例
lnedu	lnemp2	lnlowinc	－0.002	0.252	－0.78%
		lnconsume	0.204***	0.734	27.74%
		lnnetinc	0.163***	0.717	22.78%
lnedu	lnwageinc	lnlowinc	0.164	0.015	1092.45%
		lnconsume	0.721***	0.909	79.32%
		lnnetinc	0.644***	0.777	82.91%
lnedu	lnnonfiemp2	lnlowinc	－0.023	－0.081	27.79%
		lnconsume	0.308***	0.701	43.93%
		lnnetinc	0.255***	0.620	41.14%
lncom	lnemp2	lnlowinc	0.003	0.519	0.55%
		lnconsume	0.136***	0.371	36.56%
		lnnetinc	0.109***	0.351	30.97%
lncom	lnwageinc	lnlowinc	0.391***	0.133	293.98%
		lnconsume	0.378***	0.389***	97.19%
		lnnetinc	0.276***	0.384***	71.78%
lncom	lnnonfiemp2	lnlowinc	0.149*	0.197	75.56%
		lnconsume	0.321***	0.391	82.05%
		lnnetinc	0.266***	0.357	74.37%

注：***、**、* 分别代表在1%，5%，10%的水平下显著。

6.5　本章小结

本章作为第3章理论分析的实证检验和延伸，6.1、6.2主要从财政支出规模的视角，对财政—就业—贫困（减贫）的三方关系进行实证分析，6.3则从公共产品供应均等化程度的视角，对提高人力资本公共产品配置均等化的就业减贫效应进行实证分析，主要结论：

（1）证实了财政支出能够通过影响就业数量、质量和环境提高农村居民收入，提升减贫水平。就业是财政发挥减贫效应的重要途径。

（2）财政教育支出、城乡社区事务支出，这些显著改善就业数量、质量、环境的支出，在就业减贫机制中发挥重要作用。

（3）人力资本投资均等化能够通过显著提高就业质量，提升农村居民收入水平，减轻和改善农村贫困。

综上，要重视就业在财政减贫中的重要作用，重视财政—就业—贫困（减贫）传导机制。要通过全面改善就业以提高财政减贫效果，调整优化财政支出投向，增加能够显著提升就业质量、增加就业岗位、改善就业环境的财政支出，提高人口素质、增强就业能力、创造就业机会。要提高人力资本等公共资源配置的均等化程度，对改善不同社会群体、社会阶层资源配置的初始状态给予高度重视。

第 7 章　国外财政基于就业的反贫困经验与启示

尽管世界各国政治制度不同、经济体制各异、社会文化多样，但都或多或少面临着贫困问题。发达国家非常重视通过促进就业来保障国民的收入水平，减少贫困人口，改善贫困状况。这些政策既有利于公民个人，也有利于国家社会。从国际经验借鉴去看，大多数国家均通过财政政策的激励鼓励就业，进而通过增加就业机会减少贫困。本章考察国际经验，借鉴有益做法，为提出我国财政促进就业治理贫困的措施提供参考和启示。

7.1 重视运用资金手段提供促进就业的公共产品

7.1.1 重视发挥教育公共产品的关键作用

教育在提高劳动力素质方面具有最为关键的作用，而人口素质的提高，进而既改善了人们的就业质量，也减少了贫困人口和贫困现象。欧洲和亚洲国家都非常重视教育在提高劳动力素质、治理贫困方面的作用，尤其重视财政对教育的保障作用。

德国政府对中等学校的教育投入比重在西方国家中居首位，2018年德国中等学校中公办学校学生数占对应学生总量的93.52%；而公办高等学校的大学生数量占本国大学生总数的75%左右。[①] 与德国相仿，英国亦有把教育作为政府提供的极重要公共产品的传统，但与德国不同的是，英国更加重视把高等教育作为公共产品。英国公办高等学校的大学生数量占英国本土大学生总数的100%；而在中等学校、初高级中学办学中，则采用对民办教育部门进行财政补助的办法，吸引了众多的社会资本参与其中，其学生数量份额达到40%左右。通过对民办教育部门安排直接财政拨款和间接财政拨款的办法来支持民办教育发展，引

① 王志宇.《促进就业财政政策的国际优化策略研究》[J].《经济研究导刊》，2018（9）：87.

导社会中更多的资本进入教育领域也是德、英等许多西方国家的普遍做法。英国还非常重视为弱势群体提供均等的教育机会，其教育委员会提出设立“教育优先区”，通过国家宏观调控为教育优先区提供更多的教育资源，为教育优先区内的学校提供更多的教育经费，为处于社会不利地位的学生提供补助，减轻弱势群体的学费负担，保障公民的受教育权利。

日本非常突出的一个特点是重视农业教育，正规教育和社会教育并举。一方面，在农业大学的教育过程中，学校会要求学生进入农户进行实习，提高其实践技能。另一方面，农业技术推广人员在亲自为农户进行现场技术指导的过程中，注重启发农民学会思考，将农业技术转化为自身的学习能力和种植技巧。特别是日本农协在日本的农业人才培育体系中发挥了举足轻重的作用，建立了完整的教育培训、科研推广、农业经营服务、农事改良普及，辅助农业人才培养体系，大大提高了日本农民、农业经营者的整体素质。[①] 印度也非常重视农业教育和科研，在甘地领导印度期间，曾要求各邦建立一所农业大学以配合“第二次绿色革命”，推动农业科技发展，确保印度的粮食安全。印度在仅 20 年的时间里就建立了 22 所农业大学，农业教育的发展推动了农业事业的发展，促进了农村人口充分就业。

综上，德国、英国教育中公共产品比例极高，大多数学生都就读于公立学校，教育资本采用财政资金为主导，引导多渠道筹集的方法，无论是学前教育、小学教育、初高中教育、大学教

① 李逸波，张亮，赵邦宏，周瑾．《中日比较视角下的日本职业农民培育体系研究与借鉴》［J］．《世界农业》，2016（05）：186－193.

育，最终都是达到增加社会整体教育投入总量的目的，促进公民受教育水平全面提升，提高就业能力，英国政府尤其重视对弱势群体的教育倾斜。日本政府也历来非常重视教育，这对于经济社会发展发挥了重要作用。日本、印度还非常重视农业技术教育，而农业技术教育特别是对最底层贫民的教育通常被许多国家所忽视。让贫困农民享受教育机会对财政扶贫意义重大，因为它除了使人民享受到基本的社会服务外，还帮他们获得了实现就业、发展副业等需要的潜在知识和技术。

7.1.2 重视培训公共产品引入市场机制并多样化

德国政府将培训等就业服务作为一项重要的公共产品向社会提供，同时在公共产品的具体提供方式上，引入市场方法、竞争机制，保障其为劳动力提供就业服务的质量。例如，一方面通过建立覆盖全国的劳动服务网络为劳动者提供培训，为劳动力和用工企业提供各类服务，另一方面在对劳动力进行培训的具体内容安排上，引入竞争机制。首先联邦就业服务机构在全国范围内招标，继而失业者从联邦就业服务机构领取为期至少3个月的培训券，自主选择购买任何一个定点机构的服务。

英国政府有提升技能培训政策，不但重视精准性，针对不同人群提供了差别化的技能培训，而且具有强制性，对劳动力实施强制性培训，实施失业保险与促进就业的联动政策。英国调整实施了社会福利改革法案，要求有工作能力的失业者必须进行求职登记，每周提交寻找工作计划，接受职业指导和培训，并同就业服务顾问签订求职协议，保证能够立即上岗工作等，否则，将停发失业保险金。韩国关注促进“社会不利群体”如老年、妇女等就业，加大对弱势群体的关注和培训力度。

这些国家通过向劳动力特别是针对弱势劳动力和失业劳动力提供培训类公共产品，提高劳动者的素质技能和就业能力，增加其就业机会，既提高了全民整体素质水平，又起到了改善贫困，控制贫富差距的作用。并且，在具体实行中，公共产品通过市场提供的方式，充分尊重劳动力个体对培训内容的具体选择权，把政府与市场有机结合，国家目标与个体需要紧密融合，符合实际，有利于提高实施效果，值得我们学习借鉴。

7.1.3 重视发挥农村文化基础设施的潜在影响

韩国注重在贫困地区大力建设乡村文化基础设施，包括村民会馆、读书室、运动场、敬老院、青少年活动中心等，通过举办各种农民培训、文艺活动，培养农村发展带头人，加强国民共同体意识和伦理道德建设，提升农民的民主意识和法制意识，教育启发贫困农民勤勉、协同、自发奉献的精神，全方位提高农村贫困群体的文化素质、社交能力和就业能力。

7.2　重视运用财税政策增加就业机会

7.2.1　刺激经济总量增加就业反贫困

通过扩张性财政政策特别是减税政策，扩大需求，刺激经济增长，增加就业岗位。这项措施以美国为代表。在美国历史上，每当遇到经济萧条、失业率增加的时候，就采用增加公共投资、减税免税等大规模扩张性财政政策刺激经济增长，促进劳动力就业。早在 1964 年，约翰逊就针对美国二战后繁荣经济刚刚开始显露的衰退迹象实施了“伟大社会”计划，通过大规模减税、国债发行、赤字预算，避免企业倒闭，控制失业率，提供社会保障，稳定社会经济。虽然 20 世纪 70 年代美国陷入了“滞涨”局面，但进入 21 世纪后，或为应对次贷危机，或为推动本国制造业发展，克林顿、奥巴马、特朗普政府都采取了大规模的减税免税、增加公共投资等措施。例如，2008 年危机后美国政府减免个人所得税约 1200 亿美元，并对企业提供约 500 亿美元的税收刺激措施。2009 年 2 月，奥巴马正式签署总额达 7870 亿美元的经济刺激方案。2010 年，国会参议院通过了总额高达 1490 亿美元的失业救助法案，延长失业保险和失业者医疗保险。社会保障税作为“失业稳定器”，在美国联邦总税收的比重由 1970 年的

23%，提高到2015年年末的38.1%，目前是美国第二大税种，政府通过其进行调控，强化财政对失业现象的积极干预。[①]

这些措施自凯恩斯主义盛行以来已问世和实施多年，虽然也有一些弊端，但对促进经济复苏、增加就业岗位、帮助失业者及早摆脱贫困境地，起到了比较重要的作用。在特殊时期和特殊阶段，依旧需要深入研究和相机运用。

7.2.2 鼓励企业的劳动力吸纳行为

鼓励企业吸纳劳动力就业，也是各国政府普遍采用的促就业措施，如：针对企业吸纳劳动力就业的行为实施财政补贴、税收减免，鼓励企业新增雇佣劳动力等。

英国对雇用长期失业青年、50岁以上失业者等弱势群体的雇主实施税收减免，给予就业补贴。法国政府规定企业聘用应届和往届大学毕业生，在一定时期内免缴社会福利分摊金及部分税收，并根据具体情况和聘用毕业生人数进行补贴。俄罗斯比较有特色的就业政策是政府推行"青年实践"项目，各地政府负责大学毕业生就业首次实习合同签订，在这一年或一年半里实习工资由政府和企业对半负担，既提高了毕业生就业率又减轻了企业成本压力。美国实施的就业促进法案及失业救助法案批准联邦政府为雇佣新员工的雇主提供税项优惠。德国联邦政府为失业者自谋职业提供补助、免税等财政帮助，从基础设施与资金方面提供支

① 高银玲，徐思奇.《国外促进就业的财税政策及借鉴》[J].《经济研究参考》，2016（40）：90－92.

持鼓励自主创业。

这些措施的特点在于因地制宜，要根据各国劳动力、企业、政府的具体情况来制定最适合自己的具体措施，并通过一定的法规或程序固定下来，使之行之有效，久久为功。

7.2.3 重视中小企业和劳动密集型产业的就业反贫作用

制定鼓励中小企业、劳动密集型产业发展的税收政策和财务制度，发挥它们吸纳就业改善贫困的作用。主要是通过税收减免措施、财务折旧制度、政府补贴等，促进中小企业发展，从而增加就业机会，增强社会活力。

德国通过降低企业所得税下限税率达到为中小企业减税的效果，对大部分中小手工业企业免征营业税，提高中小企业设备折旧率和营业税起征点。这些措施使中小企业税赋降到企业增加值的 15% 左右，年利润在 200 万马克以内的中小企业缴纳的税金平均只有大企业的 50%①。韩国为防止因中小企业同大企业间工资和福利待遇差距拉大而导致中小企业人才向大企业流失，实行连带工资政策，对增加工资过高或接收中小企业现职职工的大企业征收补偿金用于中小企业福利基金。美国设置了专门的小企业管理局，政府对小企业实行税收减免，对从事出口的中小企业和作

---

① 《国外促进中小企业发展的税收政策》[EB/OL]. 中国人大网（全国人民代表大会官网）/在线访谈 http://www.npc.gov.cn/zgrdw/npc/zxft/gyjyzjy/2009-12/22/content_1531307.htm.

为劳动密集型产业的服务业提供政府援助、商务支持。并采用了鼓励中小微企业发展的税收优惠办法，为促进社会资本加大对中小微企业的投资力度，规定在符合条件（所购公司的总资产小于5000万美元且购买者持有股票5年以上）的情况下，购买中小微企业股票所获利润的一半可以免税。对中小企业补贴是日本产业补贴的三大重点领域之一，补贴力度大并体现出3个鲜明特点：一是信息公开透明且服务性强。补助金发放情况、下一年度发放计划、申请样本书等都在线公布，并主动将信息提供给中小企业，公开征集符合申请条件的企业，积极提供政策咨询和指导等。二是补贴政策灵活且富有弹性。如对遭受自然灾害等突发事件的企业，采取弹性补助或延长申请期限等灵活政策。三是政策重点突出。重点支持中小企业的研发、创新、成果应用和初创，并鼓励发展低碳技术和健康产业等劳动密集型产业，在改善环境、提高人们生活质量的同时，创造了大量新的就业机会。①

在这些国家对中小企业的共性支持中，有非常值得我们借鉴的地方：注重保护中小企业与大企业的竞争均衡性；发挥中小企业的灵活性支持其创新和研发；引导企业向低碳、健康、劳动密集型等国家需要的方向发展；支持初创企业；注重支持政策的服务性和公开透明，使处于弱势地位的中小企业能真正方便地获得支持。

---

① 国际财经中心（财政部）.《日本财政补贴政策简析》[J].《国际财经》，2019（总第133期）.

7.3　重视财政体制和财政管理的就业反贫作用

7.3.1　重视区域财力均衡的就业促进作用

德国政府的财政体制中安排了地区间横向转移支付制度，对促进地区财力和公共产品均等化发挥作用，为相对欠发达地区人口获得较平等的就业能力与就业机会提供财力保障。德国的转移支付制度尤其是横向转移支付在目前世界各国中最为先进和完善。它采用州际转移支付的方式，即财力较强的州对财力较弱的州进行横向财政拨款，用以缩小州与州之间的财力水平差距，保障各州承担支出责任、履行事权的财力。州际转移支付额度的计算基于人均财政能力及财政需要，并考虑实际需要进行人口权重调整。通过这项制度设计，德国能把各州的人均财力差距控制在一定的范围之内，如财力较强的州人均财力水平普遍从110% ~120%降至104% ~106.5%，而财力较弱的州人均财力水平普遍从70% ~90%增至91% ~96%，[①] 有力地保障了各州之间公共产品和公共服务提供水平的均衡性。此外，为避免横向转移支付因平均化而损伤财力较强地区的积极性，德国在横向转移支付制度

① 柯勰.《政府间财政关系的德国经验借鉴》[J].《湖北经济学院学报（人文社会科学版）》，2019，16（01）：68－70.

里还设计了一种激励机制，即如果一州该年的税收收入增加额超过平均水平，则在计算该州财政能力指数时，增加额部分扣除12%不计入指数。这种机制使超平均水平的部分税收会被保留在财力较强州本身使用，从而达到保护财力较强州提高财政收入积极性的目的。

德国的横向转移支付制度在均衡地区间财力，保障公共产品和公共服务均等化方面起到了重要作用。我国可以借鉴这一经验，完善财政体制，增强财政体制的功能，发挥促进各地协调均衡发展的作用，控制和解决发展差距，有力推动相对贫困的解决，实现共同富裕共同发展。

7.3.2 注重绩效评价的积极引导和结果应用

发达国家在加大财政对就业减贫支持力度的同时，普遍十分重视对财政资金的管理，关注政策的实施效果。德国对财政资金使用建立了全过程、多主体的监管。预算从编制到执行全过程，受到议会、审计、社会中介机构、社会公众等众多主体的监督。韩国非常重视绩效评价结果的运用。它们绩效评价结果的一个重要作用，就是收集信息加以反馈，用于发现问题，为下一轮规划和决策做准备。各国都非常重视由公信机构开展独立客观的绩效评价。德国在绩效评价中广泛运用专家论证咨询，美国的管理及预算办公室（OMB）是独立的绩效管理机构，韩国通过外聘专家的方式提高绩效评价过程的专业性和客观性。这些加强财政资金管理、重视考察政策效果、勇于发现和纠正政策偏差的务实做法，值得肯定和借鉴。

7.4　注重法律等其他配套措施的应用

通过促进就业减轻贫困，相比救济性扶贫、农副业项目开发等方式，政策效果需要一个较长的时间才能显现。如果政策轻易中断，不能一以贯之，很可能会功亏一篑。将财政促进就业的各项政策措施以立法形式固定一个较长的时期实施，这对于保障政策延续性和政策切实发挥效果非常必要。

英国注重推行就业立法，实施稳定就业的管理政策。雇用保护法规定，企业解雇具有两年以上连续工龄的员工，必须有正当的理由，且办理合法的解雇手续，否则视为“不正当解雇”。英国政府实施的对有工作能力的失业者进行强制性求职登记，以此作为领取失业保险金的条件，有利于解决心理贫困，也是一项重要的制度创新，对我国很有借鉴意义。日本政府重视对劳动力的保护，通过颁布实施《零短工劳动法》《劳动者派遣法》，保护临时工、劳务派遣人员的权益，优化其就业环境。还赋予工会组织较大权利，能够直接与企业开展谈判，为保证平等就业、保障劳工合法权益提供了基础。

韩国政府十分注重新劳动文化的培育，制定了相关政策，主要包括建立新的劳资合作体系，减少劳资冲突和矛盾；继续实行和完善就业稳定政策；培养创造性的新型知识工人；改善工人的福利和利益；促进女工权利的改善和对女工就业的支持；完善适应新时代的先进劳动行政管理体系。

世界银行重视贫困治理工作的标准化、信息化建设，建立了包含按照不同标准衡量的贫困人口比例、贫困差距、基尼系数等贫困相关数据库。通过跟踪衡量贫困状况，了解哪些减贫策略有效，哪些无效，帮助发展中国家评估减贫方案的有效性，并在迅速变化的经济环境中指导其发展战略。[①]

这些改善劳动力就业环境的政策法规及制度文化设计，有力促进了劳动力资源的优化配置，推动了劳动力供给向需求的实现。

7.5 本章小结

总体看，发达国家普遍重视财政通过实施促进就业的措施达到减贫的目的。许多国家都采取了促进就业的财政政策措施，重视通过帮助并督促有劳动能力的人实现就业，来改善他们的生活状况，减少社会中的贫困现象。

就国家间比较而言，欧洲国家采取的措施最为全面、丰富，德国还非常注重通过体制的力量均衡地区发展。亚洲国家的财政措施也比较丰富。美国的措施主要集中在扩大就业数量方面，其

① 资料来源：https：//www. shihang. org/zh/understanding - poverty。

政策力度非常大。

在具体方式即实施环节上，一些国家重视在公共政策中融入市场机制，一方面通过培训机构间的竞争提高其服务质量，另一方面充分尊重劳动力个体对培训内容的具体选择权，把政府与市场有机结合，国家目标与个体需要紧密融合，值得我们学习借鉴。

在采取多种财政措施加大投入的同时，各国也都普遍重视通过立法保障财政就业减贫政策在一个较长时间跨度得到持续实施。

第 8 章　政策启示与建议

第 3 章从理论角度提出、第 6 章从实证角度证明了财政—就业—贫困传导机制，论证了有利于就业的财政支出具有较好的减贫效应。因此，财政应当重点投向改善就业领域，以有效发挥减贫功能，应重点加强提高劳动者素质和就业质量的财政投入，重点支持就业弹性高的产业发展，优化财政投向结构。

8.1　财政扶贫的总体思路

8.1.1　财政扶贫的目标

扶贫的最终目标是使全体人民共享改革开放、经济发展与社会进步的成果，推动社会走向更加文明进步。同时，基于第 3 章、第 6 章对财政—就业—贫困传导机制的理论分析和实证研究，要切实提高财政扶贫效果，从长期上、根本上治理贫困，就应当重点关注处于社会生产中的人即劳动力及其就业。为此，财政扶贫下一步的具体目标是：普遍提高人口素质，为劳动力提供更多的就业机会、更加和谐的就业环境，全面改善就业，实现长效、高效、稳固脱贫。这将是一项长期的任务。

8.1.2　财政扶贫的系列转型

根据上述就业减贫的目标方向以及第4章、第5章对我国现实具体情况的分析，要更有效率、更加畅通地实现财政扶贫的最终目标和具体目标，下一步我国农村财政扶贫特别是在巩固脱贫攻坚战成果和治埋相对贫困中应当调整总体思路，从关注物质财富增长与积累转向关注人的能力素质提高和发展环境改善，从重视收入分配结果转向重视资源初始配置，从重视财政投入规模转向优化投向结构和提高均等化程度，从重视大企业的实力转向重视小企业的活力，从关注当前到放眼关注长远。

具体说来，为实现新目标，财政配置公共资源的基准与方向应当做出调整：（1）财政将人与社会发展作为支持重点，相应地，体现在公共产品、公共政策的种类结构上，应将公共资源更多地向教育、培训、医疗、社保等利长远的社会发展领域进行配置；（2）财政将促进资源配置公平作为关注重点，相应地，体现在公共产品、公共政策的地区结构、受益群体结构上，应当提升公共产品的均等化配置水平，实施有利于缩小差距的公共政策；（3）在管理性公共产品与服务性公共产品的关系上，应当更多提供服务性产品，例如技能培训和信息服务，并在提供方式上引进市场机制，增强选择性和竞争性，以使服务更加契合需求。总之，从更广泛的意义上讲，财政对公共资源的配置要以实现社会经济权利的平等、全面促进人的发展与社会进步作为重心和基准，财政发挥全面的“社会培育”功能。

8.2 财政就业扶贫主要措施

只有把公共资源配置到最管用的领域，抓住就业这个关键点，优化财政投入方向，有的放矢，精准投入，才能使公共资源发挥最大效果，达到良好的治理贫困作用，实现扶贫的最终目标。围绕改善就业来治理贫困，就要将财政资金、政策、资源用于增加就业数量、提高就业质量、优化就业环境三个方面，围绕就业状况的三个维度施策。

8.2.1 优化财政资金投向，提高公共产品均等化配置水平

财政需要增加有利于农村劳动力就业的公共产品，但需要说明的是，这并不意味着财政要一味增加投入，特别是在财政收支压力比较紧张的情况下，财政的现实选择应是优化支出结构，通过结构调整破题。就财政支出总体结构而言，应当努力压缩行政

成本等一般性支出，增加教育培训等公共产品、社会事业支出；就教育培训公共产品而言，应当优化地区结构，提高均等化水平，通过均等化政策来增加相对欠发达地区的公共产品投入。

8.2.1.1 加大并均衡教育等公共产品投入以全面提升农村劳动力素质

第3章对提升人口素质的就业减贫作用进行了论证，第6章实证了财政教育、培训支出的就业减贫效应。财政应优化投资结构，将资金更多地投向与劳动力素质提高密切相关的领域。与劳动力脑力和技能素质密切相关的公共产品是教育和培训，与劳动力身体素质密切相关的是基本医疗，故政府资源应集中用于提供这些公共产品。在这些重要公共产品内部，相比较而言，考虑到目前我国现实社会经济条件下，即使贫困地区的劳动适龄人口也很少由于身体素质无法达到劳动条件而失业贫困，主要问题在于文化素质与技能未能达到岗位需要，因此教育和培训又是财政资金投向的重中之重。财政应当实施基本公共产品均等化战略，提高欠发达地区教育、培训、医疗等基本公共产品投入比重，以有效提高农村劳动力素质，提升其就业质量。

（1）加大财政对教育公共产品的投入，提高资源分配均等化程度。

提高农村劳动力文化素质，一方面有利于农村劳动力个体，另一方面对于国家解决相对贫困问题，促进社会和谐稳定发展具有重要意义，政府理应承担重要职责。当然，政府的职责不是无限的，而应随着社会经济发展变化，考虑宏观上对劳动力素质的基本要求，制定合理的公共产品限度。本书认为，根据当今世界的科技发展环境和我国的产业发展需要，建议国家将义务教育覆盖范围向上延伸至高中教育。

为此，一是在教育与其他公共产品的关系上，财政应当增加对教育公共产品的投入，促进劳动者素质提高和人力资本积累，也为顺利向后工业化时代过渡做准备。二是在教育公共产品内部，应当提高高中以下教育公共产品均等化程度，大量增加对欠发达地区的教育投入，构建基本公共产品均等化的教育体系。三是在教育投入渠道上，以财政补贴等措施加大对民间资本投入教育领域的鼓励和引导。

（2）加大财政对培训公共产品的投入，改进提供方式。

许多论文都将专业技术培训划入教育范围，但本书认为，教育主要是综合素质的提升，通过文化积累积淀，提高劳动者的眼界，增加劳动者的宽度与厚度，提升劳动者的能力、精神与情怀，达到“王化”的作用，因此教育主要还应指以综合素质教育为主的正规教育。专业技术培训虽然与教育在形式上有相似之处，但主要在于使劳动者对接特定就业岗位，应属就业服务范畴。

目前我国对劳动力培训的重视程度依然不足。为此，一是应当增加对培训公共产品的投入，将面向就业的专业技术技能培训作为一项重要的公共产品由国家向社会提供。二是应当全面改进提供方式，与市场需求和农村劳动力实际情况对接。在提供渠道上，应当对接农民的生活习惯，故不应以图书、报纸为主，而应以电视、广播、网络、杂志为主；在培训内容上，应当以市场为导向，与市场需求对接，以一定时期生产生活需要的就业岗位为主要培训内容，例如，当前以保姆、月嫂、建筑维修、家具保养等为内容；在培训时长上，不宜过长，而应简单易学，只要认真学习都能学会；在培训方式上，不应强制进行培训，而应提供诸多简单实用的课程供农村劳动力根据自身条件和所处环境自行选择。对通过集中测试合格的，政府部门可以发放结业证，证明其达到的水平，结业证可供企业用工时参考，但不能作为强制性要求。三是除国家作为公共产品免费提供的培训项目外，对农村劳动力个人和家庭主动参加培训所花费的支出，应列入个人所得税抵扣范围。对商业培训机构为农村人口和失业人口提供的商业性服务，应实行税收优惠政策。

（3）优化医疗卫生公共产品的地区分布，提高劳动力身体素质。

加大对农村贫困地区医疗卫生的投入，提高基本医疗保障标准，增加报销额度，提高报销比例，为全体公民提供均等化的基本医疗服务，提高农村劳动力的身体素质。

8.2.1.2　加强乡镇基础设施建设投资以增强城市化就业吸纳力

第6章实证研究表明，加强乡镇基础设施建设具有较高的就业减贫效应，提升小城镇的基础设施水平，能直接增加当期的建设岗位需求和长期的后续城市和产业发展需求，能够改善小城镇的产业发展条件，提升农村基础设施水平，能够为农村第三次产业发展创造条件，并为农村向小城镇发展即逐步城市化提供基础条件的准备。城市化将提供就业吸纳能力，增加就业。它同时具备两方面的融合性，既贯通了当前和长远的就业需求，又创造了多样性的岗位需求，因而在促进就业方面具有尤为重要的作用。石英华（2016）认为，在城市化中，就近城镇化具有重要作用，是一个现实选择，当前就近城镇化受到基础设施落后等方面的制约，主张通过发展符合当地生态环保要求的特色产业为就近城镇化提供经济支撑，根据经济社会综合发展水平而非简单的东、中、西部地理区位确定支持政策。

财政在安排城乡基础设施建设投资预算时，应当加大基础设施投资规模，优化基础投资结构：一是在总量上加大财政对道路、桥梁等基础设施的投资建设力度，加大对电网、自来水、燃气等管网的投资建设力度。二是在结构上重点向小城镇倾斜，改变过去重点向大城市投入的情况，以提升小城镇的城市基础条件。三是切实推进乡村与城市道路、水、电、气、通信等管网建设一体化，以提升乡村的基础条件，为其小城镇化、就近城镇化准备基础。

8.2.1.3 加强信息服务以畅通农村劳动力转移就业信息渠道

在第5章分析中，我们已经提出了当前就业服务体系不健全，造成就业信息不对称，信息渠道不畅，极大增加了就业难度和就业成本，而当前我国劳动力中介市场发育不成熟，虚假信息、传销诱骗活动降低了行业信誉。在这种情况下，国家就业管理部门在监测分析就业需求基础上发布就业信息，通过农村基层组织向农民提供免费的就业信息服务，也是一项重要公共产品。

8.2.2　调整政策支持导向，提高经济对就业的吸纳能力

根据第 3 章、第 6 章关于就业在财政减贫中具有重要传导作用的理论和实证结论，借鉴第 7 章国际就业减贫经验，财政应当重点支持就业吸纳力强、就业弹性高的产业发展，调整优化财政的产业政策支持方向，主要是以减税政策、财政补贴等措施，促进相关产业和企业的发展，扩大劳动力需求，增加社会整体就业吸纳能力，创造更多就业机会。

8.2.2.1　通过减税等措施支持就业弹性高的第三产业和劳动密集型产业发展

要调整国家关于经济发展的技术路线，在重视高精尖产业，发展技术密集型、资本密集型产业的同时，从国情出发重视和发展劳动密集型产业，大力发展生产生活服务业即第三产业，以创造就业机会，吸纳劳动力就业。

第三产业指广义的服务业，对农村劳动力的吸纳能力高于第一、第二产业。其中商业、餐饮业、建筑业、运输储运业等，对劳动力素质要求不高，农村劳动力中文化素质偏低的劳动力易于进入这些行业，通信、维修、家政服务等则可供具备一定技术技能的劳动力进入。随着我国第一、第二产业的发展，以及人们生活水平的提高，对生产生活服务业即第三产业的需求增长迅速，事实上第三产业目前的发展状况滞后于生产生活需要，因此第三

产业在产业发展空间、投资空间、就业空间上都具有很大潜力。例如，目前经过系统培训的优质母婴护理师（俗称“月嫂”），资源稀缺，在大城市月收入已达数万元，高于许多城市白领的收入。

皮尔斯和斯科特（Pierce J. S. , Schott P. K.）在2016年对美国的研究表明：转向劳动密集型程度较低的生产，更多地考虑投入产出效率，是导致美国就业下降及随后一系列问题的重要原因。[①] 本书认为，与其他国家相比，我国更加需要关注发展劳动密集型产业。我国人口规模巨大，并且由于尚处于传统农业国家向现代化国家过渡的发展中国家阶段即“二元结构”时期，农村剩余劳动力数量庞大。这种国情，一方面使我们将长期面临潜在的巨大就业压力，以及庞大的相对贫困人口形成的社会问题，另一方面，也将使我国的劳动密集型产品国际比较优势长期存在。基于这种现实国情同时考虑国家战略需要，正确的选择应是：在坚持发展技术密集型、资本密集型产业，迎头赶上世界最新科技产业浪潮的同时，大力发展劳动密集型产业，以期达到各类要素的良性互动：一方面技术和资本密集型产业发展为劳动密集型产业提供技术和资金，不断改造和提升劳动密集型产业，另一方面通过发展劳动密集型产业，保持与主要发达国家的互补，带动资本和技术密集型产业的发展，最后达到全面升级。

财政在促进第三产业和劳动密集型产业发展方面应当采取以下措施：一是实行支持和保护第三产业、劳动密集型产业发展的

① Pierce J. S. , Schott P. K. *The Surprisingly Swift Decline of U. S. Manufacturing Employment* [J]. The American Economic Review, 106 (7): 1632 - 1662. 2016.

税收优惠政策。借鉴国外经验，制定减税计划，列出政策覆盖的产业名录，明确减税周期，对由此减少的税额加以预估公布。通过减税措施实行对产业发展的定向支持，并稳定政策预期，为第三产业、劳动密集型产业发展创造更宽松有利的环境，创造劳动就业岗位，提高就业吸纳能力。二是开辟帮助第三产业、劳动密集型产业发展的融资渠道，如财政贴息政策。三是对提供较多就业机会的企业、增加吸纳劳动力就业的企业，制定补贴标准，给予财政补贴。这是许多国家采取的一项有效制度，是一条可借鉴的成功经验。我国目前有的地区已开始实行对企业吸纳劳动力的补贴，有的地区还没有实行，并且各地方政府采用的标准和方式各不相同，建议在实践中进一步优化和完善。

8.2.2.2 通过税收优惠减免和财政补贴鼓励小微企业和乡镇企业发展

小微企业和乡镇企业可以吸纳劳动力就业，增加农村劳动力获取收入的非农就业渠道。

小微企业应是经济中吸纳劳动力就业的主体。一般而言，大企业和小企业是同时存在的，大企业与小企业在国民经济中扮演的角色、承担的功能不同，大企业不会成为容纳劳动力就业的主体，其作用在于体现综合技术水平、保障产业安全；为数众多的小企业是向社会提供就业的主体，其功能主要在于保障民生、增强经济活力、孕育发展潜力等。因此，财政促进鼓励小微企业发展是非常重要的。

乡镇企业需要适应市场需求变化、产业结构升级和增长方式转变的要求，调整发展战略和发展模式，加快技术进步，加快体制和机制创新，重点发展农产品加工业和服务业。其中：农产品加工业应成为今后乡镇企业发展的主要内容。乡镇企业距原产地近，且劳动力资源丰富，我国目前大部分农产品加工业集中在城市，这增加了运输成本，降低了农产品加工业的竞争力，乡镇企业应是以农业为原料的工业和直接为农业、农村提供生产投入品及生活消费品的工业为主体，特别是应大力发展农产品加工工业。服务业是乡镇企业产业结构调整的另一重要内容。相对于第一、第二产业发展的规模而言，乡镇企业在第三产业发展总量不足，相对滞后。农村第三产业具有很大的就业空间。现阶段乡镇企业的第三产业主要集中在一些传统的、低水平的商业、餐饮业和服务业上，而一些推动农村城市化急需的第三产业如通信、金融、保险、科技服务、信息服务、旅游业等发展严重不足，乡镇企业可以在这些领域对经营内容进行拓展。乡镇企业自身经营管理方面体制落后是制约其发展的重要因素。在这方面，可以考虑在一定的自然区域之内设立一个类似于托拉斯性质的乡镇企业联盟公司，在这个自然区域之内的小型乡镇企业自愿加入联盟，加入后由联盟公司按照现代化的经理人制度统一经营管理。

财政在支持小微企业和乡镇企业发展方面有广阔的作为空间：一是财政应当对小微企业和乡镇企业实行较低税率。对进入国家鼓励行业开展经营的、在吸纳劳动力就业方面发挥重要作用的小微企业和乡镇企业，给予财政贴息或一定的财政补贴，以鼓励支持其发展。二是为小微企业、乡镇企业融资提供政府帮助，拓宽小微企业和乡镇企业融资渠道，提供财政贴息以降低其融资成本，帮助解决融资难、成本高等制约小微企业和乡镇企业发展的问题。三是为乡镇企业提供内部管理、市场分析、技术信息等方面的咨询作为公共产品，如提供企业治理结构和管理制度培训等，发布行业发展趋势信息，引导劳动密集型企业及时进入或退出有关市场和领域等。

8.2.2.3　提高农业收入改善农业就业条件

针对当前我国传统农业附加值低、就业减贫效应不高的情况，应当用现代科学技术，现代产业组织方式，如通过分工协作的农场方式对传统农业加以改造；增加科技运用，改善农业与其他产业之间生产条件、交易条件的对比来增加农业就业收入。

（1）以资产预算实施耕地集中利用和农业产业化。

由于包产到户制度将土地分割得非常零散，具有限制农业规模生产和大型机器作业的弊端，不利于降低农业生产成本，增加农业利润和农业就业收入。但是，包产到户制度作为一项具有稳定农村社会功能的制度，现实中在短期内难以被改变。为此，建议采取折中性质的方案，在承认农户对原有土地使用权不变的基础上，通过发展以土地自愿投资入股的形式，或者以评估价格强制租用的形式，将部分农户土地加以集中整合使用，进一步还可以合并农村集体单位，逐步扩大集体所有制单位的规模，设立大型农场，实施产业化经营。

财政可在现有资产预算中，增加编制耕地资产预算，对耕地资源的利用做出规划，在不改变农民土地使用权的同时，通过租赁的方式，促进耕地的整合利用。由于采用集约化生产方式降低成本而增加的利润，分配给自愿入股参与或者被强制租用参与的农户，提高其收入。

（2）以加大财政对农业的科技投入提高农产品产出和附加值。

国家通过增加农业科技投入，支持农业科技的应用，可以增加农产品产量，提高农产品附加值，增加农民收入，改善其相对贫困状况。

8.2.2.4 实行强制就业登记制度解决心理贫困

改革失业登记制度，拓宽失业统计范围，将失业登记制度由城镇拓展到农村，对农村有劳动能力但事实上未处于就业状态的人口亦纳入失业登记范围和统计范围。效法英国建立强制性工作登记制度，对有劳动能力的自愿失业者加以督促约束，促使其参加就业，自食其力，解决自愿失业、心理贫困的问题。

8.2.3 深化财政体制改革，均衡财力配置和促进就业

8.2.3.1 构建均衡地方财力的财政体制

（1）建立横向转移支付制度。

在财政体制中建立横向转移支付制度，均衡不同地区财力，为各地区实施基本公共产品均等化、开展财政扶贫创造财力条件。缩小地区间基本公共产品配置差距，进而缩小贫困群体与其

他群体之间劳动力素质与就业能力方面的差距。

（2）制定全国统一的基本公共产品保障标准。

对于保障人民基本生存条件、发展条件的各类公共产品，如教育、医疗等，由中央政府制定发布适用全国各地区的城乡统一的基本公共产品保障标准，规定各地不论有何种理由，财力状况如何，都必须向辖区内所有公民提供达到国家统一制定的“基本标准”的公共产品。当然，如果地区经济条件较好，或者愿意压缩其他方面的费用，可以为辖区公民提供超过“基本标准”水平的更多更好的公共产品。对于个别基础非常薄弱、经评估可用财力不足以提供“基本标准”公共产品的地区，中央政府给予财政转移支付予以资助。同时，明确界定中央与地方之间、地方政府之间在各类公共产品上的事权划分以明晰职责。

8.2.3.2 建立促进就业的财政管理制度

（1）以改善就业状况为导向调整财政扶贫绩效评价体系。

为引导财政资金关注就业、投资于解决就业问题，正确发挥评价体系的引导作用，有必要对现行财政扶贫绩效评价体系加以调整。

增加并突出就业指标，有效发挥引导作用。在财政扶贫绩效评价指标设计中，突出就业指标权重，增补评价就业能力提高、就业机会增加、就业环境改善的指标。一是增设中小学数量、人均受教育年限变化等就业质量评价指标；二是增设地区第三产业、小微企业增长速度等就业吸纳能力评价指标；三是增设就业信息发布条数、社会保障一体化进度、户籍改革进度等就业环境评价指标。

建立绩效导向的预算拨款制度，提高财政扶贫绩效。要深化预算管理制度改革，完善预算绩效管理，建立以长期绩效为导向的机制，改进财政扶贫资金分配。一是建立由公信机构独立客观开展绩效评价的制度，改变目前由政府部门、预算安排单位、项目实施单位开展绩效评价的状况，增强评价结果的公信力、客观性，并使之正确引导财政资金投入方向。二是建立全过程绩效预算管理制度。在预算安排之前，以结果为导向，先行设置绩效目标，例如培训多少数量的劳动力，预期达到何种培训效果，并对绩效目标的可实现性进行预先评估；在项目实施过程中，监控绩效目标的完成情况，对出现的偏差及时加以干预调整；在预算拨款中，要把财政扶贫绩效作为拨款进度、拨款数额、预算安排的重要指标。项目结束后，要对实际效果进行全面完整的评价，分析原因；要加强绩效评价结果的应用，作为今后安排预算的参考，发挥绩效评价的激励、约束作用，切实加强财政资金的管理，提高财政资金使用效益。

（2）深化和推进财政改革畅通要素流动。

作为国家治理的基础和重要支柱，财政应当通过自身改革以及全面推动深化经济体制改革，促进劳动力自由流动，打通阻隔在劳动力供给向劳动力需求实现之间的体制障碍，营造供给对需求灵敏有效做出反应和适应的制度环境，实现劳动力要素的自由流动、合理配置，为劳动力获得充分的就业机会、获得合理的就业收入创造条件。

打通各地社保以畅通劳动力要素流动。理论上，劳动力必须能够自由流动，劳动力要素才能实现优化配置，每个劳动力的收益才能达到最大化。一个开放平等、自由流动、无行政性壁垒的要素市场，是要素得以按照市场引导进行配置的制度基础，是供求机制正常发挥作用的基本条件。为此，要完善社会保障制度，尽快在全国范围内彻底打通社会保障管理，实现各地区养老、医疗、失业保险的互联互通、无缝结合、即时结算。要改变目前在工作地看病回户籍地报销的做法，取消繁复的登记签转手续，实行工作地就地审核报销，随时随地缴纳、领用，解决农村劳动力跨地区就业、多形式就业的后顾之忧。

完善税收制度推动消除行政性壁垒。40 多年的改革开放历程证明，消除行业间、地区间的行政性壁垒，实现要素的自由流动与优化配置，不论对宏观经济还是对处于社会经济系统中的个体，都增加了发展空间与机会。进一步破除一些地区和行业中仍然存在的行政性壁垒，原先受到行政性壁垒阻挡而投资不足、发展不充分的地区和行业，其潜力将得到释放，形成投资空间，释放新的就业机会。为此，要发挥财政在国家治理中的基础和重要支柱作用，通过深化税收制度改革支持推动经济体制改革，建立以消费地为税收主要归属地的制度安排，化解地方利益和地方保护动力，构建地区间的合作共赢关系，消除阻碍资本和劳动力自由流动的地区壁垒，通过市场开放增加全社会就业岗位，增进就业机会，促进社会权利平等。

8.3 相关配套措施

8.3.1 取消户籍管理制度

户籍制度不但造成了城乡隔绝，而且事实上把全国细分成若干个狭小的区域，把劳动力要素固定在每个狭小区域上，在每座城市之间、每个行政区域之间形成壁垒，它从属于与市场经济制度完全不相同的管理体系，其基础与市场经济的要素自由流动、自发配置要求是冲突的。取消户籍制度，消除劳动力流动的制度壁垒，是完善市场经济体制的要求，也是促进就业改善劳动力收入的要求。

8.3.2 调整完善政绩考评体系

淡化经济增长速度等考核指标，取消“百强城市”“文明城市”“卫生城市”“园林城市”等评比，加强对社会领域发展的关注和评价，如对辖区内人均受教育年限变化、失业率、失业人口培训比例等进行考核，引导各级政府关注和解决决定地区发展的长期性、基础性、根本性因素。

8.3.3　完善就业扶贫法律制度

增加并均衡财政教育投入、支持小微企业发展等财政促进就业治理贫困的措施，效果有一个逐渐显现的过程，是一项长期工程，如果不能在一个较长时期内一以贯之地坚持，很可能会功亏一篑。为保障政策的延续性和效果，需要以立法形式将政策确定下来。这也有利于稳定预期，增强社会信心。法律体系至少应当涵盖：国家促进就业治理贫困的主要方式，一个较长时期之内的财政提供公共产品和实行减税的计划，财政扶贫资金的支出管理和绩效评价办法，扶贫对象应当履行的义务，参与实施就业扶贫计划的国家机构及其职责分工等。

8.4　全书总结

通过本书的分析，得到以下基本结论：

（1）沿着贫困成因和贫困治理两条理论线索进行分析，就业问题逐渐展现在我们面前。

基于对各派贫困成因理论的分析发现，就业是贫困成因的汇聚地和总枢纽，可以成为我们研究贫困和财政扶贫的一个视角；基于对两大经济学派贫困治理理论之争的分析，我们将关注点投向生产力中最活跃的因素——劳动力，将治理贫困的环节由传统的收入分配结果环节提前到收入分配起始环节——就业环节，通过改善劳动者进入社会生产的初始资源配置——就业能力与机会，进而公平参与市场以解决财政扶贫的公平与效率难题。

（2）财政—就业—贫困传导机制。

财政影响就业，就业影响贫困。财政的公共产品、财政政策、财政体制对就业具有广泛而深刻的影响，就业状况进而传导为贫困状况变化。

一个国家、一个地区的劳动力素质很大程度上是教育、培训、医疗等公共产品投入形成的产出，公共产品的数量、种类结构、地区配置结构极大地影响着劳动力素质和就业质量。一个经济体的就业吸纳能力高低，与其产业结构、财政政策密不可分，财政政策影响着就业容量。财政体制一方面决定着横向纵向财力的配置格局，决定了各方提供公共产品、实施财政政策的能力，另一方面，要素资源的自由流动是其优化配置的前提，一些财政体制、财政管理制度安排会影响到劳动力资源的自由流动与优化配置。这些就业质量、就业数量、资源配置状况与配置环境，传导为贫困状况的变化。

（3）基于财政扶贫的发展历程与现状可见，我国农村财政扶贫在“政策—实践”交互影响的探索中前进，目前已取得了重要成绩，但下一步在避免返贫、治理相对贫困、提高效率方面仍有改进空间。

（4）从财政—就业—贫困传导机制角度观察我国农村扶贫，我国现实中存在着不利于农村就业的因素，影响了农村脱贫。这些不利就业因素来自多方面，就其形成而言，有些与财政不存在直接联系，有些则与财政资源配置、财政政策导向等具有密切的关系，主要是财政在公共资源配置方面存在着教育等社会公共产品领域投入不足、基本公共产品地区间配置不均衡问题，专业技术类培训公共产品未完全瞄准提高劳动技能、就业能力，在财政政策方面存在着对劳动密集型产业、第三产业、小企业支持不够等问题，在财政管理体制方面横向转移支付制度缺失，这些影响了我国农村劳动力素质的提高，限制了我国经济的就业吸纳能力，减弱了财政扶贫功能，不利于农村贫困的解决，影响了扶贫效果，反映出财政对全面改善就业的减贫作用关注尚不充分。不论成因如何，根据财政—就业—贫困传导机制，财政可以发挥治理功能。

（5）实证分析表明，财政通过扩大就业容量、提高就业质量、改善就业环境能够提高农村居民的收入水平，有效减轻贫困。并进一步证明均衡公共资源配置、提高人力资本投资均等化程度具有显著的改善农村就业质量、减轻农村贫困的效应，启示财政应当关注弱势群体，改善资源的初始配置状态。

（6）政策含义与建议。应当充分发挥财政就业扶贫的作用，重视财政—就业—贫困传导机制。增加财政教育投入等有利于劳动者素质的公共产品供应、加强乡镇基础设施建设投资以增强城市化就业吸纳力、实施对劳动密集型产业的税收优惠与补贴政策扶持、完善有利于资源配置均等化和要素自由流动的财政体制，应能取得较好的扶贫效果。

参考文献

[1] 阿玛蒂亚·森. 以自由看待发展 [M]. 北京：中国人民大学出版社，2002.

[2] 阿玛蒂亚·森. 贫困与饥荒 [M]. 北京：商务印书馆，2001.

[3] 巴罗，萨拉·伊·马丁. 经济增长理论（中译本）[M]. 北京：中国社会科学出版社，1999.

[4] 白景明. 以盘活财政存量资金稳定增长 [J]. 中国财政，2015（09）.

[5] 包国宪，周云飞. 中国公共治理评价的几个问题 [J]. 中国行政管理，2009（02）.

[6] 保罗·萨缪尔森，威廉·诺德豪斯. 经济学（第十六版）[M]. 萧深等译，北京：华夏出版社，1999.

[7] 贝克尔. 人力资本 [M]. 北京：北京大学出版社，1987.

[8] 布坎南. 自由、市场与国家 [M]. 上海：上海三联书店，上海人民出版社，1989.

[9] 蔡昉．劳动力短缺：我们是否应该未雨绸缪 [J]．中国人口科学，2005 (06).

[10] 财政部财政科学研究所翻译组．发展绩效管理——行动原则与经验集粹 [M]．北京：经济管理出版社，2006.

[11] 财政部经济建设司．政府公共部门绩效考评理论与实务 [M]．北京：中国财政经济出版社，2005.

[12] 财政部农业司，国务院扶贫办外资项目管理中心．加强中国财政扶贫资金管理研究成果汇编 [M]．北京：中国财政经济出版社，2004.

[13] 财政部预算司．绩效预算和支出绩效考评研究 [M]．北京：中国财政经济出版社，2007.

[14] 财政部，发展改革委，国务院扶贫办．财政专项扶贫资金管理办法 [Z]．(财农〔2011〕412 号).

[15] 财政部．关于印发财政支出绩效评价管理暂行办法的通知 [Z]．(财预〔2011〕285 号).

[16] 曹洪民．中国农村开发式扶贫模式研究 [D]．北京：中国农业大学，2003.

[17] 陈纯槿，郅庭瑾．世界主要国家教育经费投入规模与配置结构 [J]．中国高教研究，2017 (11).

[18] 陈共．财政学 [M]．北京：中国人民大学出版社，2004.

[19] 陈际华，韩振燕．论构建城乡统筹的公共就业服务体系——以农村剩余劳动力转移为视角 [J]．甘肃社会科学，2009 (01).

[20] 陈巍．国外政府绩效管理法制化的经验及其启示 [J]．湖南社会科学，2015（05）.

[21] 陈宪，黄健柏．农民工就业影响因素的主成分分析 [J]．生产力研究，2009（18）.

[22] 陈郁．罗森斯坦—罗丹“大推动”理论述评 [J]．经济学动态，1987（09）.

[23] 程名望，Jin Yanhong，盖庆恩，史清华．农村减贫：应该更关注教育还是健康？——基于收入增长和差距缩小双重视角的实证 [J]．经济研究，2014，49（11）.

[24] 程野．促进农民就业增收 休闲农业与乡村旅游兴起 [EB/OL]．前瞻产业研究院/风口·洞察/前瞻趋势．

[25] 丛树海，周炜，于宁．公共支出绩效评价指标体系的构建 [J]．财贸经济，2005（03）.

[26] 邓聿文．为什么贫困人口越减越多 [N]．中国青年报，2005，09（13）.

[27] 丁纯，李君扬．未雨绸缪的德国社会保障制度改革——金融危机中德国经济一枝独秀的主因 [J]．当代世界与社会主义，2012（05）.

[28] 丁国光．联合国国际农业发展基金概况——全球农业发展和扶贫机制 [M]．北京：经济科学出版社，2008.

[29] 丁会苹．民国时期的社会救助与人口流动（1912—1937 年）[D]．济南：山东大学，2008.

[30] 丁学东，褚利明等．关于完善国家扶贫开发战略和政策体系的调研报告 [R]．北京：经济科学出版社，2010.

[31] 范柏乃. 政府绩效管理 [M]. 上海: 复旦大学出版社, 2012.

[32] 樊丽明, 解垩. 公共转移支付减少了贫困脆弱性吗? [J]. 经济研究, 2014, 49 (08).

[33] 冯超. 中国基尼系数的省际差异 [J]. 统计与决策, 2007 (01).

[34] 冯朝睿. 连片特困地区多中心协同反贫困治理的初步构想 [J]. 云南社会科学, 2014 (04).

[35] 冯鸿雁. 财政支出绩效评价体系构建及其应用研究 [D]. 天津: 天津大学, 2004.

[36] 傅志华. 新时期农村公共财政支出框架建设研究 [J]. 财政与发展, 2004 (07).

[37] 傅志华. 财政支农力度还需加大 [N]. 人民日报海外版, 2006, 11 (28).

[38] 高波, 王善平. 财政扶贫资金综合绩效评价体系研究 [J]. 云南社会科学, 2004 (05).

[39] 高琳. 分权与民生: 财政自主权影响公共服务满意度的经验研究 [J]. 经济研究, 2012 (07).

[40] 高鹏. 浅析我国农村贫困地区开发式扶贫模式 [D]. 成都: 西南财经大学, 2009.

[41] 高强, 孔祥智. 论相对贫困的内涵、特点难点及应对之策 [J/OL]. 新疆师范大学学报 (哲学社会科学版), 2019, 11 (25).

[42] 高银玲, 徐思奇. 国外促进就业的财税政策及借鉴

[J]. 经济研究参考, 2016 (40).

[43] 葛志军, 邢成举. 精准扶贫: 内涵、实践困境及其原因阐释——基于宁夏银川两个村庄的调查 [J]. 贵州社会科学, 2015 (05).

[44] 耿作石. 当代西方经济学流派 [M]. 北京: 中国人民大学出版社, 2015.

[45] 郭劲光, 俎邵静, 邓韬. 扶贫资源配置低效问题研究: 生成机制与治理路径 [J]. 农业经济问题, 2019 (07).

[46] 郭熙保, 罗知. 贸易自由化、经济增长与减轻贫困 [J]. 管理世界, 2008 (2).

[47] 国际财经中心 (财政部). 日本财政补贴政策简析 [J]. 国际财经, 2019 (总第133期).

[48] 国外促进中小企业发展的税收政策 [EB/OL]. 中国人大网 (全国人民代表大会官网) /在线访谈 http: //www.npc.gov.cn/zgrdw/npc/zxft/gyjyzjy/2009-12/22/content_1531307.htm.

[49] 韩华为, 徐月宾. 中国农村低保制度的反贫困效应研究——来自中西部五省的经验证据 [J]. 经济评论, 2014 (06).

[50] 韩乃辉. 基于现代农业的农业剩余劳动力数量及其城镇化水平测算 [D]. 西安: 西北大学, 2012.

[51] 韩永廷. 浅析农民工就业的影响因素和对策措施 [J]. 蚌埠党校学报, 2009 (01).

[52] 汉斯·迈克尔·特劳特温, 王爱君. 累积进程与极化发展: 缪尔达尔的贡献 [J]. 经济思想史评论, 2010 (01).

[53] 胡绍雨. 推进中国公共支出预算绩效管理改革: 问题

溯源与体系建设［J］. 广西财经学院学报，2018，31（03）.

［54］黄海棠，蔡创能，滕剑仑. 乡村振兴背景下的返贫风险评估及防范长效机制研究［J］. 洛阳理工学院学报（社会科学版），2019，34（03）.

［55］贾康. 绩效预算之目的：实现高效率［N］. 中国财经报，2006，06（09）.

［56］姜爱华. 我国政府开发式扶贫资金使用绩效的评估与思考［J］. 宏观经济研究，2007（06）.

［57］姜爱华. 政府开发式扶贫资金绩效研究［M］. 北京：中国财政经济出版社，2008.

［58］金武，陈衍文，王培，陈颖，任元芬. 我国财政扶贫资金绩效研究［J］. 海南金融，2016（12）.

［59］聚焦财政专项扶贫资金绩效管理［J］. 财政监督，2017（14）.

［60］柯勰. 政府间财政关系的德国经验借鉴［J］. 湖北经济学院学报（人文社会科学版），2019，16（01）.

［61］莱斯特·M. 萨拉蒙. 公共服务中的伙伴：现代福利国家中政府与非营利组织的关系［M］. 田凯译，北京：商务印书馆，2008.

［62］赖小妹，徐明. 中央扶贫资金投入的减贫效应与益贫机制研究［J］. 统计与决策，2018，34（24）.

［63］赖玥，成天柱. 财政扶贫的效率损失——基于财政激励视角的县级面板数据分析［J］. 经济问题，2014（05）.

［64］李立清，危薇. 新型农村合作医疗对农户减贫及增收

的效果研究——基于双重差分法的分析［J］. 湘潭大学学报（哲学社会科学版），2013，37（04）.

［65］李明艳，陈利根，石晓平. 非农就业与农户土地利用行为实证分析：配置效应、兼业效应与投资效应——基于2005年江西省农户调研数据［J］. 农业技术经济，2010（03）.

［66］李盛基，吕康银，朱金霞. 农村最低生活保障制度的减贫效果分析［J］. 税务与经济，2014（03）.

［67］李实，詹鹏，杨灿. 中国农村公共转移收入的减贫效果［J］. 中国农业大学学报（社会科学），2016，33（05）.

［68］李文. 农村道路投资与减贫［J］. 农业技术经济，2007（04）.

［69］李文. 运用匹配法对农村道路建设减贫效果的评估［J］. 农业经济问题，2008（08）.

［70］李文彬，廖逸儿. 广东省省级财政专项资金及绩效评价［J］. 南方经济，2015（04）.

［71］李小云，张雪梅，唐丽霞. 我国中央财政扶贫资金的瞄准分析［J］. 中国农业大学学报（社会科学版），2005（03）.

［72］李小云等. 中国财政扶贫资金的瞄准与偏离［M］. 北京：社会科学文献出版社，2006.

［73］李逸波，张亮，赵邦宏，周瑾. 中日比较视角下的日本职业农民培育体系研究与借鉴［J］. 世界农业，2016（05）.

［74］李永友，沈坤荣. 财政支出结构、相对贫困与经济增长［J］. 管理世界，2017（11）.

［75］李占五. 充分发挥社会力量 建立健全农民工流动就业

服务体系［J］．宏观经济研究，2007（06）．

［76］梁晓明等．经济学大辞典［M］．北京：团结出版社，1994．

［77］林鸿潮．美国《政府绩效与结果法》述评［J］．行政法学研究，2005（02）．

［78］林梅．影响农村劳动力就业的因素与对策［J］．中国社会保障，2005（02）．

［79］林善浪，王健．家庭生命周期对农村劳动力转移的影响分析［J］．中国农村观察，2010（01）．

［80］刘碧强，陈雪萍．精准扶贫中地方政府行为偏差及其调适路径［J］．中共福建省委党校学报），2018（08）．

［81］刘冬梅．中国政府开发式扶贫资金投放效果的实证研究［J］．管理世界，2001（06）．

［82］刘坚，李小云，刘福合．中国农村减贫研究［R］．北京：中国财政经济出版社，2009．

［83］刘坚．新阶段扶贫开发的成就与挑战——《中国农村扶贫开发纲要（2001－2010年）》中期评估报告［R］．北京：中国财政经济出版社，2006．

［84］刘良博．农村剩余劳动力转移的制约因素分析［J］．当代经济，2009（09）．

［85］刘璐．赤峰市精准扶贫政府财政扶贫资金运行问题研究［D］．呼和浩特：内蒙古大学，2018．

［86］刘瑞．国民经济管理学概论［M］．北京：中国人民大学出版社，2009．

[87] 刘秋霞. 我国农民工就业扶持中的政府责任探析 [J]. 法制与社会, 2009 (15).

[88] 刘尚希, 李成威, 杨德威. 财政与国家治理: 基于不确定性与风险社会的逻辑 [J]. 财政研究, 2018 (01).

[89] 刘尚希. 论公共风险 [J]. 财政研究, 1999 (09).

[90] 刘肖楠. 洛阳市财政扶贫效率提升路径研究 [D]. 洛阳: 河南科技大学, 2019.

[91] 刘小珉. 民族地区农村最低生活保障制度的反贫困效应研究 [J]. 民族研究, 2015 (2).

[92] 刘玉军, 殷登科, 葛树连. 当前农村就业现状和劳动力转移的调查研究——以青岛西海岸新区为例 [J]. 农民科技培训, 2018 (10).

[93] 卢静. 论财政支出绩效评价体系之构建 [J]. 现代财经—天津财经大学学报, 2005 (05).

[94] 陆学艺. 加快改革现行的户籍管理制度 [J]. 农村工作通讯, 2002 (09).

[95] 陆学艺. 关于解决当前农业、农村、农民问题的几点意见 [J]. 市场经济研究, 2004 (02).

[96] 罗伯特·巴克沃. 绩效管理 [M]. 北京: 中国标准出版社, 2002.

[97] 马成武. 发展休闲旅游农业 促进农民就业增收 [J]. 中国乡镇企业, 2014 (01).

[98] 孟建民. 支出效益评价 [M]. 北京: 中国财政经济出版社, 2002.

[99] 倪星．地方政府绩效评估指标的设计与筛选 [J]. 武汉大学学报（哲学社会科学版），2007（02）.

[100] 宁波审计学会课题组．财政专项资金绩效审计研究 [J]. 审计研究，2014（02）.

[101] 欧共体．向贫困开战的共同体特别行动计划的中期报告，转引自：唐钧．社会政策的基本目标：从克服贫困到消除社会排斥 [J]. 江苏社会科学，2002（03）.

[102] 欧文·E. 休斯．公共管理导论（第三版）[M]. 张成福、王学栋等译，北京：中国人民大学出版社，2007.

[103] 庞守林，陈宝峰．农业扶贫资金使用效率分析 [J]. 农业技术经济，2000（02）.

[104] 彭磊．基于平衡计分卡下的财政扶贫资金绩效审计评价指标体系构建研究 [J]. 中国证券期货，2012（07）.

[105] 屈锡华，左齐．贫困与反贫困——定义、度量与目标 [J]. 社会学研究，1997（03）.

[106] 萨缪尔森．经济学 [M]. 高鸿业译，北京：中国发展出版社，1996.

[107] 沙里温．亚洲开发银行与中国扶贫——在 21 世纪初中国扶贫战略国际研讨会上的致辞，转引自：唐钧．社会政策的基本目标：从克服贫困到消除社会排斥 [J]. 江苏社会科学，2002（03）.

[108] 申晓卫．促进贵州省农村反贫困的财政政策研究 [D]. 贵阳：贵州财经大学，2014.

[109] 石英华．应从区域经济社会综合发展指数角度制定政

策［EB/OL］. 新浪财经/会议讲座/中国新型城镇化峰会 http：//finance. sina. com. cn/hy/hyjz/2016 –05 –02/doc –ifxrtztc3134288. shtml.

［110］史传林. 社会治理中的政府与社会组织合作绩效研究［J］. 广东社会学，2014（05）.

［111］史清华，侯瑞明. 农户家庭生命周期及其经济运行研究［J］. 农业现代化研究，2001（02）.

［112］世界银行. 变革世界中的政府——1997 年世界发展报告［R］. 北京：中国财政经济出版社，1997.

［113］世界银行. 从贫困地区到贫困人群：中国扶贫议程的演进——中国贫困和不平等问题评估［M］. 北京：中国财政经济出版社，2009.

［114］世界银行. 发展面临的挑战——1991 年世界发展报告［R］. 中国财政经济出版社，1992.

［115］世界银行. 全球规模的减贫行动——以发展为目标的学习与创新［M］. 北京：中国财政经济出版社，2006.

［116］世界银行. 2000/2001 世界发展报告：与贫困作斗争［R］. 中国财政经济出版社，2001.

［117］世界银行. 中国战胜农村贫困［M］. 北京：中国财政经济出版社，2001.

［118］苏明. 我国中长期财政投资的方向与结构［J］. 管理世界，2001（02）.

［119］苏明. 中国城乡基本公共服务均等化研究［J］. 当代农村财经，2016（01）.

[120] 孙斐. 中国地方政府绩效评价的价值冲突管理——基于四川省资中县政府的质性研究 [J]. 公共管理学报, 2015 (05).

[121] 孙竞, 张文. 中国古代扶贫实践及其当代价值 [N]. 人民日报, 2016, 02 (25): 07.

[122] 孙克竞. 政府部门预算支出绩效研究 [M]. 辽宁: 东北财经大学出版社, 2012.

[123] 孙晓明, 刘晓昀, 刘秀梅. 中国农村劳动力非农就业 [M]. 北京: 中国农业出版社, 2005 第1版.

[124] 孙延旭. 北京市农村劳动力非农就业现状及影响因素研究 [D]. 北京: 首都经济贸易大学, 2009.

[125] 唐睿, 肖唐镖. 农村扶贫中的政府行为分析 [J]. 中国行政管理, 2009 (03).

[126] 陶文达, 黄卫平, 彭刚. 发展经济学 [M]. 成都: 四川人民出版社, 1985.

[127] 谭崇台. 发展经济学 [M]. 上海: 上海人民出版社, 1993.

[128] 田卫民. 省域居民收入基尼系数测算及其变动趋势分析 [J]. 经济科学, 2012 (02).

[129] 托达罗. 经济发展计划化: 模型和方法 [M]. 北京: 中国社会科学出版社, 1979.

[130] 万蓉. 文山州财政精准扶贫绩效研究 [D]. 昆明: 云南师范大学, 2018.

[131] 汪锦军. 走向合作治理: 政府与非营利组织合作的条

件、模式和路径［M］. 杭州：浙江大学出版社，2012.

［132］汪三贵. 反贫困与政府干预［J］. 管理世界，1994(03).

［133］汪三贵，李文，李芸. 我国扶贫资金投向及效果分析［J］. 农业技术经济，2004（05）.

［134］汪三贵，郭子豪. 论中国的精准扶贫［J］. 党政视野，2016（07）.

［135］汪占成. 民族地区县级政府财政扶贫资金绩效评价研究［D］. 恩施：湖北民族大学，2019.

［136］王超，赵新博等. 基于CSF和KPI的PPP项目绩效评价指标研究［J］. 项目管理技术，2014（08）.

［137］王晛. 福利紧缩背景下的工会与养老金改革——基于瑞典社会民主党和英国新工党养老金改革时期的比较分析［J］. 山东人力资源和社会保障，2012（10）.

［138］王善平，高波. 财政扶贫资金公司化运作研究［J］. 财经问题研究，2012（11）.

［139］王吴磊. "大数据+"财政扶贫资金监管：机遇、挑战与进路［J］. 财政监督，2019（11）.

［140］王小琪. 推进我国财政扶贫制度创新的思考［J］. 理论与改革，2007（02）.

［141］王亚南，张伟丽. 农民工就业促进中政府职能定位研究——基于济南市的调查与思考［J］. 中共济南市委党校学报，2009（03）.

［142］王银安. 从扶贫领域典型违规案例谈加强扶贫资金监

管［J］. 中国财政，2019（05）.

［143］王志宇. 促进就业财政政策的国际优化策略研究［J］. 经济研究导刊，2018（09）.

［144］网易新闻. 中国粮食收购：肥了国企，坑了全民［EB/OL］. http：//news. 163. com/special/reviews/grain0706. html.

［145］我国推行财政支出绩效考评课题组. 我国推行财政支出绩效考评研究［J］. 经济研究参考，2006（29）.

［146］吴春. 强化政府公共服务职能与促进农民工就业［J］. 河北青年管理干部学院学报，2010（01）.

［147］吴培新. 经济增长理论的突破性进展（上）——评卢卡斯《论经济发展的机制》［J］. 外国经济与管理，1995（04）.

［148］吴文玉. 德国绩效预算实践及其对中国的启示［D］. 合肥：安徽大学，2014.

［149］吴雄周，丁建军. 精准扶贫：单维瞄准向多维瞄准的嬗变——兼析湘西州十八洞村扶贫调查［J］. 湖南社会科学，2015（06）.

［150］西奥多·W. 舒尔茨. 论人力资本投资［M］. 吴珠华等译，北京：北京经济学院出版社，1992.

［151］习近平. 决胜全面建成小康社会 夺取新时代中国特色社会主义伟大胜利——在中国共产党第十九次全国代表大会上的报告，2017 年 10 月 18 日［M］. 北京：人民出版社，2017.

［152］谢勇. 基于就业主体视角的农民工就业质量的影响因素研究——以南京市为例［J］. 财贸研究，2009（05）.

［153］辛卫振，同春芬. 中国农村扶贫政策问题研究回顾与

展望［J］. 绥化学院学报，2011（05）.

［154］新浪新闻中心. 人大代表建议改造传统农业 促进农民就业［EB/OL］. 新浪新闻中心/国内新闻/2009 年全国两会专题.

［155］徐爱燕，沈坤荣.《财政支出减贫的收入效应——基于中国农村地区的分析》［J］. 财经科学，2017（1）.

［156］许燕沼. 中国农村减贫问题研究［D］. 大连：东北财经大学，2008.

［157］许毅，沈经农. 经济大辞典·财政卷［M］. 上海：上海辞书出版社，1987.

［158］薛宝森. 公共管理视域中的发展与贫困免除［M］. 北京：中国经济出版社，2006.

［159］亚当·斯密. 国富论［M］. 杨敬年译，西安：陕西人民出版社，2001.

［160］闫坤. 中国农村减贫财税政策研究［M］. 北京：中国财政经济出版社，2008.

［161］杨承亮. 财政扶贫资金绩效审计研究［J］. 中国农业会计，2017（10）.

［162］杨全社. 创新我国人口和计划生育公共财政保障机制研究［J］. 经济研究参考，2012（45）.

［163］杨志军. 内涵挖掘与外延拓展：多中心协同治理模式研究［J］. 甘肃行政学院学报，2012（04）.

［164］叶初升，张凤华. 政府减贫行为的动态效应——中国农村减贫问题的 SVAR 模型实证分析（1990—2008）［J］. 中国

人口·资源与环境，2011，21（09）.

［165］叶初升，邹欣．扶贫瞄准的绩效评估与机制设计．华中农业大学学报（社会科学版），2012（01）.

［166］叶风华，刘用铨．新绩效预算基本特征、技术支持及其适用性［J］．会计之友（上旬刊），2010（01）.

［167］余俐颖．扶贫绩效研究［D］．南昌：江西财经大学，2010.

［168］元林君．我国就业扶贫的实践成效、存在问题及对策探析［J］．现代管理科学，2018（09）.

［169］曾志红，曾福生．国定贫困县农村财政扶贫资金使用效率评价——基于湖南20个县2006—2011年的数据［J］．湖南农业大学学报（社会科学版），2013（05）.

［170］张弘力，矫正中．常用财经词汇简释［M］．北京：经济管理出版社，2001.

［171］张佳音．国外贷款扶贫类项目绩效审计评价指标体系初探［D］．成都：西南财经大学，2013.

［172］张建清，卜学欢．人力资本三维要素与城乡减贫成效差异——基于CHNS微观调查数据的实证研究［J］．软科学，2016，30（10）.

［173］张林秀，罗仁福，刘承芳，ScottRezelle．中国农村社区公共物品投资的决定因素分析［J］．经济研究，2005（11）．

［174］张全红．中国农村扶贫资金投入与贫困减少的经验分析［J］．经济评论，2010（02）.

［175］张文君．我国现阶段财政扶贫的问题与政策研究

[D]. 沈阳：辽宁大学，2019.

[176] 张务伟，张福明，杨学成. 农村劳动力就业状况的微观影响因素及其作用机理——基于入户调查数据的实证分析[J]. 中国农村经济，2011 (11).

[177] 张兴华. 中国农村剩余劳动力的重新估算 [J]. 中国农村经济，2013 (8).

[178] 张岩松. 发展与中国农村反贫困 [M]. 北京：中国财政经济出版社，2004.

[179] 张彦峰. 我国居民收入分配基尼系数变化趋势分析[J]. 商业经济研究，2019 (16).

[180] 张榆琴，李学坤. 财政扶贫资金绩效评价存在的问题及对策分析 [J]. 全国商情（理论研究），2011 (05).

[181] 张卓元. 政治经济学大辞典 [M]. 北京：经济科学出版社，1998.

[182] 赵学群. 关于财政支出绩效评价和管理制度的思考[J]. 现代经济探讨，2010 (12).

[183] 赵昌文，郭晓鸣. 略论我国扶贫开发管理系统的改革和完善 [J]. 农村经济，2000 (11).

[184] 赵荣祥. 我国农村剩余劳动力转移的制约因素及对策[J]. 理论前沿，2008 (08).

[185] 赵卫军，焦斌龙，韩媛媛. 1984～2050 年中国农村剩余劳动力存量估算和预测 [J]. 人口研究，2018 (42－2).

[186] 赵曦. 中国西部农村反贫困模式研究 [M]. 北京：商务印书馆，2009.

［187］郑方辉，李文彬，卢扬帆．财政专项资金绩效评价：体系与报告［M］．北京：新华出版社，2012.

［188］郑方辉，廖逸儿．财政专项资金绩效评价的基本问题［J］．中国行政管理，2015（06）.

［189］郑长德，涂裕春，单德朋．精准扶贫与精准脱贫——全国贫困地区精准脱贫学术研讨会文集［R］．北京：中国财经出版传媒集团经济科学出版社，2017.

［190］郑志龙，丁辉侠等．政府扶贫开发绩效评估研究［M］．北京：中国社会科学出版社，2012.

［191］支俊立，姚宇驰，曹晶．精准扶贫背景下中国农村多维贫困分析［J］．现代财经（天津财经大学学报），2017，37（01）.

［192］中共中央关于全面深化改革若干重大问题的决定［M］．北京：人民出版社，2013.

［193］中共中央关于坚持和完善中国特色社会主义制度 推进国家治理体系和治理能力现代化若干重大问题的决定［M］．北京：人民出版社，2019.

［194］中国科学院清华大学国情研究中心．发展合作互利共赢——国际金融组织对中国贷款绩效评价（1981—2002）［M］．北京：经济管理出版社，2004.

［195］总理座谈会加大稳企稳岗力度持续发力稳就业［EB/OL］．中国政府网（中国中央政府官网）/新闻 http：//www.gov.cn/xinwen/2019-08/20/content_5422778.htm.

［196］周天勇．中国未来城镇就业问题及其出路［J］．学习

与探索，2003（01）.

［197］周云红．美国、德国和瑞典的社会政策建设及启示［D］．山东大学，2012.

［198］朱良华．财政扶贫的收入分配效应研究［D］．武汉：中南财经政法大学，2018.

［199］朱乾宇．政府扶贫资金投入方式与扶贫绩效的多元回归分析［J］．中央财经大学学报，2004（07）.

［200］朱秀茹，郑玉刚．就业歧视与建立农民工就业服务体系研究［J］．农业经济，2008（07）.

［201］左停．精准扶贫战略的多层面解读［J］．国家治理，2015（36）.

［202］Anwar Shah. Local Governance in Developing Countries［M］. World Bank Publications, 2006.

［203］Alatas V., Banerjee A., Hanna R., et al. Targeting the Poor: Evidence from a Field Experiment in Indonesia［J］. The American Economic Review, 102（4）, 2012.

［204］Araar A, Duclos J Y. Poverty and Inequality: A Micro Framework［J］. Scorn Electronic Journal, 19（3）, 2010.

［205］Arsenio M. Balisacan. Pathways of Poverty Reduction: Rural Development and Transmission Mechanisms in the Philippines［J］. Asia and Pacific Forum on Poverty, ADB, Manila, February, 2001.

［206］Asian Development Bank. Scaling up of the Social Protection Index for Committed Poverty Reduction［R］. 2007.

[207] Banerjee A. , Duflo E. Poor Economics: A Radical Rethinking of the Way to Fight Global Poverty [M]. Public Affairs Press, New York, NY, 2011.

[208] Banerjee A. , Duflo E. , Goldberg, N. , et al. A Multifaceted Program Causes Lasting Progress for the Very Poor: Evidence from Six Countries [J]. Science Magazine, Vol. 348, No. 6236, May 2015.

[209] Banerjee A. , Duflo E. The Economic Lives of the Poor [J]. Journal of Economic Perspectives, 21 (1), Winter 2007.

[210] Banerjee A. , Duflo E. Mandated Empowerment: Handing Antipoverty Policy back to the Poor? [A]. Annals of the New York Academy of Sciences, Vol. 1136 (1), 2008.

[211] Bannister G, Thugge K. International Trade and Poverty Alleviation [R]. Imf Working Papers, 01 (54), 2001.

[212] Bochkay K, Chychyla R, Sankaraguruswamy S, Willenborg M. Management disclosures of going concern uncertainties: The case of initial public offerings [J]. The Accounting Review, 93 (6), 2018.

[213] Daniel Kaufmann, AartKraay, M Aassimo Mastruzzi. The Worldwide Governance Indicators Project: Answering the Critics [R]. The World Bank, 2007.

[214] Gheorghe MATEI, Nicolae TUDOSE. Social Assistance Models in the European Union [J]. Finance - Challenges of the Future, (17): 25, 2015.

[215] Grandy, C. The Efficient Public Administrator: Pareto and a Well - Rounded Approach to Public Administration [J]. Public Administration Review, 69 (6), 2009.

[216] Harvey S. Rosen, Ted Gayer. Public Finance (Eighth Edition) [M]. Beijing: Qinghua University Press, 2008.

[217] Kenny C. Information and Communication Technologies for Direct Poverty Alleviation: Costs and Benefits [J]. Development Policy Review, 20 (2), 2010.

[218] Kolk A, Tulder R V. Poverty Alleviation as Business Strategy? Evaluating Commitments of Frontrunner Multinational Corporations [J]. World Development, 34 (5), 2006.

[219] Lawrence M. Mead. The Logic of Workfare: The Underclass and Work Policy [A]. in W. J. Wilsoned. The Ghetto Underclass [C]. (Newbury Park: Sage, 1993): 173 - 186.

[220] Loayza N V, Raddatz C. The Composition of Growth Matters for Poverty Alleviation [J]. Journal of Development Economics, 93 (1), 2010.

[221] Oded Stark, David E. The New Economics of Labor Migration [J]. The American Economic Review, 1985 (2).

[222] Oscar Lewis. Five Families: Mexican Case Studies in the Calture of the Poverty [M]. New York: Basic Books, 1959.

[223] Pierce J. S. , Schott P. K. The Surprisingly Swift Decline of U. S. Manufacturing Employment [J]. The American Economic Review, 106 (7), 2016.

[224] Ravallion M. and Chen S. China's Uneven Progress against Poverty [R], Policy Research Working Paper No. 3408, World Bank, Washington D. C. , 2004.

[225] Rowntree, S. Poverty: A Study of Town Life [R]. London: Macmillian, 1901.

[226] Shimer R. Reassessing the Ins and Outs of Unemployment [J]. Review of Economic Dynamics, 15 (2), 2012.

[227] Sobel M E. Asymptotic confidence intervals for indirect effects in structural equation models [J]. Sociological Methodology, 13, 1982.

[228] Stephen G. Perz, Robert T. Walker, Marcellus M. Caldas. Beyond Population and Environment: Household Demographic Life Cycles and Land Use Allocation Among Small Farms in the Amazon [J]. Human Ecology, 6, 2006.

[229] Yao S, Zhang Z, Hanmer L. Growing Inequality and Poverty in China [J] . China Economic Review, 15 (2), 2004.